安心・安全な家を建てるなら、

RC《鉄筋コンクリート》住宅を選びなさい。

井上功一
INOUE KOUICHI

幻冬舎MC

ANTIQUES

47-35

安心・安全な家を建てるなら、
RC住宅《鉄筋コンクリート》を選びなさい。

はじめに

日本は災害大国です。そのことに異を唱える人は、ほとんどいないでしょう。災害といえば、まず真っ先に地震をイメージする人が多いと思います。実際に1995年の阪神・淡路大震災から2018年の北海道胆振東部地震まで過去二十数年で震度7クラスの巨大地震が5回も発生しています。

このような地震から私たちの命や財産を守る最後の砦が、住宅です。自宅の近くに安全な避難所があっても、就寝中に巨大地震が発生し、住宅が倒壊してしまえば、自分や家族の命は守れません。

そのため、日常生活のなかでも安全性が高く、快適な居心地を提供する住宅でなければ、そこに住む人の安心を得ることはできないでしょう。

住宅のおもな構造には木造、鉄骨造、RC造（鉄筋コンクリート造）などがあり、どれも建築基準を満たせばある程度の安全性は確保されますが、そのなかで考えられる最も安心・安全な構造はRC造です。

なぜなら、木造や鉄骨造に比べてRC造は、柱や梁、床、壁などを鉄筋の入った型枠に流し込んだコンクリートで固めているため、最も堅牢で、耐震性や耐久性に優れているからです。

かくいう私も、最初からRC造一筋だったわけではありません。

私は東京都に生まれ、大工の息子として育ちました。新潟県出身で、中学卒業と同時に都内の大工棟梁のもとで修行を積んだ父は、木造や鉄筋コンクリート造の工法やマンションの内装など、時代とともに技術の幅を拡げてきた本物の職人で、いわゆる叩き上げと呼ばれる人です。

小学生の頃から、休みの日には父に連れられ、現場で掃除や片付けを手伝っていました。現場には常に木材・釘・針金などがあり、子どもの私にはすべてが遊び道具でした。

当時、自宅には住み込みの若い大工さんが数人いたので、夕食時はいつも大勢でワイワイとにぎやかでした。そんななかで、建築という仕事の苦労や楽しさを子どもながらに理解していったのかもしれません。

建築の専門学校を卒業してからは、父について現場で大工仕事をしながら、さまざまな現場を目の当たりにしました。大工として3年ほど修行したあと、外のメシを食うことも大切だと思い、設計事務所に就職しました。そこからは一戸建て住宅・リゾートマンション・事務所ビル・ショッピングセンターなどの設計・監理に従事し、最先端技術と優秀なデザインのすばらしさを学びました。

その後、バブル崩壊によって建築業界も大きな打撃を受けるなかで、再び父と一緒に仕事をすることになりました。当然、古くからの父のお客さまもいましたが、このままでは会社の成長はないと思い、私なりに新規顧客を捜し始めました。当時はリフォームブームだったこともあり、木造や鉄筋コンクリート造のマンション・一戸建て住宅・神社など、いろいろな構造の建築物の築20年・30年後を見るなど、本当に多くを学ぶことができました。各建築物の内装を剥いだり壊したりすると、結露の発生状況や部材の老朽化具合などが非常によく理解できました。この経験は今でもたいへん役立っています。

そして、競合他社との差別化を図るために木造住宅を改良し、大断面集成材と金物を使った地震に強い家づくりに取り組みました。この木造住宅は、通常の2階建てでは法的に必要のない構造計算もきっちりと行いました。

しかし、阪神・淡路大震災で多くの住宅が全半壊している悲惨な光景を目にし、また地震そのもので「直接死」した人の約8割が建物や家具の下敷きになって亡くなられたという事態を受けて、「家族を守る家とはなにか」をゼロから考えるようになりました。そこで行き着いたのがRC住宅だったのです。以来、RC住宅一筋で、その設計・施工実績は東京都内でトップクラスであると自負しています。

しかし、日本においてRC住宅はほとんど普及していません。なぜなら世の中には住宅に関する間違った情報が溢れているからです。例えば「一戸建てといえば、木造」というイメージが根強くあるようです。しかし、その根拠を明確に答えられる人は多くはないでしょう。その理由はあくまでハウスメーカーが仕掛けた「イメージ戦略」だからです。

これまでの30数年間、さまざまな工法の住宅建築に携わってきた立場から見て、家を建てようとする人の多くは根拠のないイメージやメーカーのブランド力で建築依頼先を選択することがあまりにも多いと感じています。

イメージやブランドが重要なのは理解できますが、災害大国日本の住民として最も安全に暮らすには、災害に強い家に住むことが最優先事項なのです。

そこで本書では「ありがちな住宅に関する誤解」から「各工法のメリット・デメリット」

「最も安全性が高い家＝ＲＣ住宅」「ＲＣ住宅に対する誤解」「業者選びのポイント」「孫の代まで資産価値を維持できる家」までを解説しています。

本当に安全性の高い注文住宅に住みたい人、その価値ある家を子や孫に引き継ぎたい人のために知りたいことがすべて分かるように書きました。ぜひ、このまま読み進めていただければ幸いです。

安心・安全な家を建てるなら、RC住宅を選びなさい。

目次

Part 1

本当に「良い住宅」が消費者に正しく伝わらない——住宅業界の不都合な真実

Part 2

日本住宅の主流「木造建築」は安心・安全とは言えない

Part 3

建築工法を徹底比較！最も安心・安全なのはＲＣ住宅

Part 4

安心・安全だけではない！ RC住宅は快適性とデザイン性も兼ね備えている

Part 5

「価格が高い」「結露しやすい」は勘違い！ RC住宅の新常識

Part 6 一生に一度の家づくりで失敗しない RC住宅を建てる業者の選び方

Part 7 RC住宅を孫の代まで残す! 100年住める家づくりで豊かな暮らしを実現する

本当に「良い住宅」が
消費者に
正しく伝わらない——
住宅業界の不都合な真実

Part

1

家づくりはワクワクと同時に不安もいっぱい

これから自分の家を建てるにあたって「こんな家を建てたい」と理想を思い描く人は多いと思います。広々としたリビング、機能的なキッチン、安心して子育てができる家や夫婦二人の暮らしを楽しむ家、ペットとともに快適に生活できる家……。人によって思い描く家は千差万別ですが、間取りやデザインを考えるのは、とてもワクワクすることでしょう。

一方で家づくりには不安も付きものです。

実際に家を建ててみたら、夏は暑くて冬は寒い、梅雨に限らず湿気でじめじめしている、結露により壁などにカビが発生して柱や梁が腐ってしまう……。そんな家では、いくら見た目のデザインが良くても、思い描いていた住み心地の良い家とはいえません。

家は人生でいちばん高価な買い物です。絶対に失敗したくないので、心配になるのは当然です。しかし、これらの心配事は今から本書を通して、限りなくゼロに近づけることが可能になります。

日本の住宅が木造だらけになった歴史的背景

日本の住宅のほとんどは、木造、鉄骨造、RC（鉄筋コンクリート）造のいずれかの工法で建てられています。

この3種類の中でも木造の割合は圧倒的で、総務省の『平成30年住宅・土地統計調査』（2018年）によると、日本に2876万戸ある一戸建て住宅のうち、2662万戸が木造です。実に92・5％が木造住宅なのです。日本のほとんどの家が木材でできているといえます。しかもその5年前の2013年の調査では92・2％が木造住宅でしたから、若干ながら増加傾向にあります。

ここまで木造住宅が多い理由は、日本の住宅の歴史をたどっていくと分かります。

日本の住宅建築の歴史は、縄文時代のたて穴住居から始まりました。その構造は地面に木材の柱を立て、それに平行な梁を結ぶ軸組構造です。木材を利用した理由は、おそらく身近で加工しやすい素材だったからでしょう。現在のデータになりますが、日本の国土の

3分の2（67％）は森林です。ですから、木は昔から貧富や地域にかかわらず手軽に手に入れることができました。さらに日本人は手先が器用です。そのため、刃物で簡単に加工ができる木材は、当時から理想的な建築材料だったはずです。つまりこの時点で現在の木造建築の原型が出来上がっていたのです。

弥生時代になると、身分の高い人を中心に高床住居で暮らすようになりました。こちらも木造軸組構造を採用していますが、たて穴住居との大きな違いは、地面から離れた床があることです。これにより通風性を確保し、雨水の浸入を軽減することができるようになりました。

平安時代になると貴族の住まいは、豪華な寝殿造りとなりました。これは開閉可能な建具や畳などを用いた住居です。この頃に現存する世界最古の木造建築物である奈良県の法隆寺が創建されました（607年）。また、世界最大クラスの木造建築物といわれる奈良県の東大寺大仏殿は奈良時代（758年）に完成したものです（火災により現在の建物は1709年に完成）。このあたりから建築物に芸術性も求められるようになってきました。

安土桃山時代に入ると千利休が茶道を完成させます。それに伴い、茶室の様式を取り入れた数寄屋造りが登場しました。これは権力を誇示する書院造りとは異なり、シンプルな美しさが特徴です。例えば天井には竹や杉皮、壁には土など自然素材を用い、素材の良さをそのまま活かすことを重視しています。

国策が木造住宅の普及を後押し

さらに太平洋戦争の終わりがこの流れを後押しします。多くの都市の住宅が戦火で焼失しました。1945年11月に設置された戦災復興院（戦災後の復興を目的とした機関）によると420万戸の住宅が不足していると推計されました。早急な住宅の大量供給が国策となり、早く住居を確保したい市民も「安く」「早く」「簡単」に建てられる木造住宅を優先的に選択することになります。このときに考えられたのがプレハブ工法です。

1951年にはGHQ（連合国軍最高司令官総司令部）が100億円を出資したとされる住宅金融公庫が設立しました。一般庶民でも住宅ローンを利用できるようになり、持ち家比率が一気にアップしました。

そして日本は高度成長期（1954年～1973年）に突入します。東京、名古屋、大阪の三大都市圏の人口増に伴い、住宅需要もぐんぐん伸びていきました。国土交通省の調査によると、1950年から1960年の新設住宅着工数は20万戸から40万戸程度でしたが、1973年には史上最高の190万戸を記録します。

その後も国内の木材需要は急上昇し、木造住宅が増えていきました。

住宅に関する間違った情報が溢れている

木造住宅は身体にやさしい!?

住宅の工法には、木造のほかに鉄骨造やRC造などさまざまなものがあります。その中でも木造は身体にやさしい、健康に暮らせると信じている人が非常に多いです。

その発端は、静岡大学で行われた実験結果が世の中に広まったことでした。1986年、マウスを「木（ヒノキ）の箱」「鉄（亜鉛鉄板）の箱」「コンクリートの箱」で飼育し、生態を観察するという実験が行われました。最初はオスとメスを別々に入れていましたが、しばらくしてから一緒に入れて交尾させ、子どもを産ませました。その23日後の生存率は、木の箱が85・1％、コンクリートの箱が41・0％、鉄の箱が6・9％でした。木の箱の生存率が圧倒的に高い一方で、鉄の箱では、130匹中わずか9匹しか生き残っていなかったのです。

また、この実験結果では、ステレオタイプの行動についても報告がありました。ステレオタイプの行動とは、子マウスが自分の尻尾をむやみに噛むといった行動のことです。このような行動はストレスが原因といわれています。実験では、10日間にわたって1時間おきに調査したところ、木の箱では80回、鉄の箱では230回、コンクリートの箱では290回確認できました。このことから木の箱で育った子マウスはストレスが少ない可能性が高いことが分かります。

同実験で、このような結果になるのは、コンクリートや鉄が木に比べて熱伝導率が高いので、体温が奪われて生存率が低くなるというのです。ほとんどの業者が、この結果を受けて広告や接客時に「木造住宅は身体にやさしい」「ほかの構造材では不健康になる」と紹介したのです。

しかし、この結果は住宅には当てはまりません。なぜなら現在の住宅では木材やコンクリート、鉄といった構造材がむき出しになることはほとんどないからです。一般的には断熱材や下地パネル、床材などによって覆われます。したがって、構造材の熱伝導率と健康は無関係になるのです。

その根拠として、2年後の1988年に静岡大学が行った実験の結果があります。コンクリートの箱の床を「むき出し」「合板床」「塗装合板」「クッションフロア床」という状態にして同様の実験を行ったところ、「むき出し」以外の子マウスの生存率はすべて80%と、ほぼ同等に高いものでした。

また、木造住宅は集成材で建てられた家も含まれます。

集成材とは、小さく切り分けた木材を乾燥させ、繊維方向をそろえて接着剤で組み合わせた木質材料です。品質が安定しているので強度にばらつきがなく、丸太をそのまま製材した無垢材に比べて「割れ」や「反り」が少ないといった特徴があります。

そんな集成材ですが、これを使用することで「木造=自然素材」ならではの良さを活かした家が建てられるかといえば、疑問をもたざるを得ません。その理由は接着剤にあります。木造を好む人の多くは、「温かみのある自然素材だから」「自然素材は身体にやさしいから」と言います。しかし、接着剤は明らかに化学物質です。化学物質はシックハウス症候群の原因となり得ます。

シックハウス症候群とは、建材などから発生する化学物質やカビ・ダニなどによって室内空気が汚染されることで発症する健康被害です。症状としては、めまい、吐き気、頭痛、目・鼻・喉の痛みなどがあります。

住宅の構造材や建具などの建築資材に使用される化学物質は、500種類前後といわれています。しかし、残念ながらどの化学物質が健康に被害を与えるのかは、あまり明確になっていません。そのため、建築基準法で使用を規制している化学物質は、ホルムアルデヒドとクロルピリホスのたった2種類となっています。

また、厚生労働省ではこの2種類を含む化学物質の室内濃度の指針値を設けていますが、その数は14種類です。これでは安心といえません。しかもホルムアルデヒドとクロルピリホス以外はあくまで指針値、つまり目標値なので、どの家でも絶対に守られているわけではありません。

このようなことから、木造住宅は鉄骨造やRC造よりも身体にやさしいと考えるのは間違いだといえます。

木造は日本の風土に合う⁉

これは日本に森林が多いので「木の国」というイメージが強いからです。しかし、特に昨今、高温多湿になっている日本において木造が合っているとは決していえません。高温多湿はシロアリやカビの温床となります。そして、シロアリもカビも木材を栄養源とします。どちらも嫌うのは乾燥ですが、最近の家は、夏は涼しく、冬は暖かい高断熱・高気密仕様のため、湿気がこもり結露になる原因はそこかしこにあります。吉田兼好の『徒然草』にあるように「夏をむね」とし、風通しのいい隙間だらけの家にすればシロアリやカビの心配はありませんが、そのような家を建てる木造住宅会社は、もはやどこにもありません。

どの工法で建てても安全性は同じ⁉

安全性に関しては、イコール耐震性と考える人も多くいます。耐震性については住宅性能表示制度が目安になります。これは「住宅の品質確保の促進等に関する法律」（品確法）に基づくもので、「耐震性能」「耐火性能」「省エネルギー性能」など10分野の性能を等級で評価します。

図表1　**耐震等級の分類**

耐震等級1	建築基準法で定められている最低基準。震度6強～7の地震でもすぐには倒壊しないレベル。このレベル以下の家は、法律上建てることができない
耐震等級2	等級1の1.25倍の耐震性能。震度6強～7の地震でも一定の補修で住み続けられるレベル
耐震等級3	等級1の1.5倍の耐震性能。震度6強～7の地震でも軽い補修程度で住み続けられるレベル

資料：国土交通省「新築住宅の住宅性能表示制度ガイド」

耐震性能に関しては、図表1のような等級基準を設けています。

この等級基準は、木造軸組工法でも2×4（ツーバイフォー）工法でも鉄骨工法でもRC工法でも同じです。それゆえ、「どの工法で建てても安全性は同じ」と思ってしまいます。

木造建築（2階建て以下）の場合、構造計算はせずに「この面積の建物ならこの部材をこの数だけ使えば耐震等級1になる」といった仕様規定で建てられます。

しかし、この規定はあくまで目安であって、絶対に耐震等級1の強度を確保できているとは限りません。要するに木造の耐震等級は、あまり当てにならないのです。

それでは、構造計算を行う鉄骨造（2階建て以上）なら安心できるか、というと私はこちらにも疑問を感じます。

建築基準法で求められる指標の一つに、「層間変形角」というものがあります。これは地震力によって建物が変形する際、各階の床とその上下階の床のズレを数値化したもので、簡単にいってしまうと地震に対してどれくらいの強度があるかを表すものです。

木造と鉄骨造は、原則として200分の1以下であることが求められています。一方で壁式RC造の場合は2000分の1以下で、10倍厳しい数値が求められています。

木造と鉄骨造の耐震等級3は等級1の1・5倍の強さです。一方でRC造は耐震等級1でも10倍の強さになります。指標が異なるので単純に比較はできませんが、結果としてRC造のほうが倒壊する割合が低くなっているのは事実なのです。

RC造なら耐震等級1で十分安心・安全といえます。もちろん耐震等級3にすることも可能ですが、そのためには空間の広さや窓の大きさを犠牲にしたり、コストアップを受け入れる必要があります。費用対効果を考えれば不要と思えるケースがほとんどです。

日本住宅の主流
「木造建築」は
安心・安全とは言えない

Part

2

家にとって最も重要なのは「災害に耐えられるか」

世の中は住宅に関する間違った情報が溢れています。同時に家に求める最も重要なものを見失っている人があまりにも多いように感じています。

人によって家に求めるものは千差万別です。「木の家は身体にやさしい」といったイメージにこだわる人もいれば、「奇抜なデザイン」「ハウスメーカーや建築家のブランド」「さまざまな家電をインターネットでつなぐIoTといった最先端設備」または「とにかく低価格」を希望する人もいます。どれも個人の価値観ですから否定はしません。

しかし、これらを最優先に考えてはいけません。家にとって最も重要なのは安全性、つまり災害に耐えられることだからです。

私がそのことを強く感じたきっかけは、1995年1月17日に発生した阪神・淡路大震災でした。この明石海峡を震源としたマグニチュード7・3の大地震では、国内史上初の震度7が観測されました。その被害はまさに甚大で、死者6434人、家屋の被害は全壊10万4096棟、全焼7036棟にのぼりました。

私は当時東京に住んでいましたが、テレビなどで状況を確認していました。崩れて原形が分からなくなった建物の残骸や、まるで爆撃にあったように焼野原となった住宅地……。画面に映し出されるこのような惨状は、建築家としての私の心を大きくかき乱しました。

もし、自分が設計した家がこのように倒壊してしまったら――。

もし、自分の会社が建てた家で亡くなった人がいたら――。

もし、そのような状況になったら、もう建築の仕事を続けられなくなるのではないだろうか――。

すべてのお客さまは「この家なら大丈夫」と安心しきって家を建てるはずです。もちろん私たちも安全性に自信をもって住まいを提供しています。しかし、結果的にお客さまやその家族を守れなかったら、責任を感じないわけがありません。

しかし、私は現地にお客さまがいなかった分、建築家として客観的に考えることができました。

一度失った命はどんなにお金があっても戻すことはできません。これほどかけがえのないもの、つまり世界でいちばん大事なものを守る役目を果たすのが家なのです。その家を設計する建築家が最も重要視すべきなのは、当然安心・安全であるべきです。テレビ画面にかじりつく私の胸にその想いが強烈に湧き上がってきました。

そこである疑問が浮かんできました。

「安心・安全な家ってなんだ？」

答えは画面の中で見つけることができました。それは災害に強い家です。それまでは地震ばかりに注目して、大断面集成材と金物を使った耐震住宅を建てていましたが、地震には火事が付きものです。火災にも強い家にしなければなりません。そして地震は津波も引き起こします。水害に負けない強靭な躯体も必要です。さらに台風や竜巻など、ありとあらゆる災害に立ち向かえる家でなければ安全とはいえません。

また、ただ命を守るだけでは安心できる家ともいえません。一般的な住宅の建築費は数千万円します。大津波が発生すれば引き渡しを受けたばかりの新築住宅でも軽々と流されてしまいます。全財産をつぎ込んだ資産が一瞬でなくなってしまうのです。残るのは多額のローンだけです。たとえ避難をする時間はもちこたえて命は守ってくれても、被災後の住む場所がなくなってしまえば生きる気力も失ってしまいます。それは地震による倒壊や火災による焼失の場合でも同じです。

とはいえ、家を購入する際は災害に備えて火災保険へ加入しているケースがほとんどです。しかし、それだけで安心できるというわけではありません。例えば半壊や半焼と判定されても、結局建て直さなければ住めないような状態になっていることが多々あります。そのような場合は、今までの住宅ローンに加えて建て直しのローンの二重ローンを背負うことになります。

また、火災保険と同時に加入する地震保険は、そもそも全壊でも建築費の半額までしか保険金は支払われません。これは地震が原因による全焼や津波被害でも同様です。

では、どのような家が災害に強く、安心もできるのか――。

悶悶とする日々が続きました。そのようななか、阪神・淡路大震災を受けて建築基準法が改正されました（1995年）。それまでの木造建築の多くは、柱と柱を釘やほぞとほぞ穴などで結合させていましたが、より耐震性が増す接合金物の使用が奨励されるようになったのです。

そこでもともと使用していた金物を、より高強度なものに交換し、さらに耐火性能を上げるためにサイディング（外壁材）を厚くしたり、内装材を見直したりといった災害に強い仕様にして見積もりを取ってみました。その結果、今まで平均坪単価50万円（1995

年当時）だったものが80万円近くになってしまったのです。

「40坪の家ならば２０００万円が３２００万円になってしまいます。そんな高い木造住宅を買う人なんていない」、それが私の第一印象です。

「ならば木造じゃなければ？」

当時、私は「住宅＝木造」という考えにとらわれていました。一級建築士として大型マンションの建築などにも関わっていましたが、そもそも大工の息子なので「日本の家＝木造」だったのです。

しかし、木造を強化することによって坪単価が80万円になると鉄骨造やＲＣ造などの木造以外も視野に入ってきます。そこで、「なぜ木造がいいのか」を知るために日本家屋の歴史や普及してきた理由、さらに最近の木造住宅の安全性などを調べ尽くしました。

ローコスト住宅の安全性

現在日本に建っている一戸建て住宅の92・５％が木造住宅です。これだけ普及していれば、多くの人は「安心・安全だ」と思ってしまうのも当然です。ところが木造住宅でもさまざまな仕様・グレードがあるので、安心・安全レベルにも大きな差があります。そこで近年急速にシェアを伸ばしてきたローコスト住宅について考えてみます。

ローコスト住宅に明確な定義はありませんが、本書では坪単価50万円以下の注文住宅を指すことにします。

一時期坪単価20万円代の住宅が話題になりましたが、実際には「別途諸費用がかかる」「通常標準装備の2階トイレやシャッターなどがオプション扱いになる」といった理由で最終的に坪40万円を超えるケースが多いようです。それでも大手ハウスメーカーの平均坪単価が約90万円ですから、およそ半額で夢のマイホームを建てることができます。

ローコスト住宅のほとんどは、木造建築です。その安さの主な秘密は次の3点です。

①すべての部材が汎用品

大手ハウスメーカーで使用される柱やサッシなどの部材は、ほとんどがオリジナル製品です。そのため、それぞれの家に合わせてどのような製品を使うかを決めています。

一方、ローコスト住宅で使用される部材は、ほとんどが大手ホームセンターでも購入可能な汎用品です。ですからそもそも大量生産で安価です。そのうえ大手ローコスト住宅会社の場合は、一括購入するので驚くほど安く仕入れています。

②短い工期

一般的な木造住宅の工期は4カ月程度です。しかし、ローコスト住宅は徹底したスケジュール管理で3カ月程度に短縮します。これは「同じような部材で同じような間取りの家を建てる」＝「職人が慣れている」から実現できるともいえます。例えば、工期が4分の3になれば人件費も4分の3になります。それだけで数百万円の経費を削減できます。

③人件費の削減

人件費は職人だけにかかるものではありません。大手ハウスメーカーの場合は営業、設計士、インテリアコーディネーターなど複数の担当者がつきます。しかしローコスト住宅の場合は、営業担当者が一人で窓口となり、設計士などは裏方に徹して黙々と営業担当者が作成したものや建築主がプラン集から選んだもののチェックだけを行います。そのため、どの家も似たようなデザイン提案になりがちです。

このような理由からローコスト住宅は、大手ハウスメーカーの約半額で建てることが可能となります。

その品質を一言で表すと「そこそこ」です。建築基準法にしっかり基づき、売れ筋の「中の下」または「中の中」グレードの部材を用いて、マニュアルに沿った手順で作業を行うので、一定の品質・耐震性能は有しているはずです。

ただし、そのほとんどはあくまで住宅性能表示制度の耐震等級1をぎりぎりクリアできるレベルです。大地震が発生した際に倒壊は免れても、損傷が酷くて住み続けることができないケースが多くなります。

さらに大量生産による外壁などの部材は、一定レベルはクリアしているものの、その寿命はほとんどが30年以下です。つまり、大幅なリフォームを行わない限り孫の代どころか子の代までも引き継げないかもしれません。要するに建築主一代限りの消耗品。決して資産とはなり得ないのです。これでは「安心・安全」の住まいとはいえません。

クルマの安全機能はフル装備が当たり前。では現在の住宅は？

世の中の人間がつくるものは、すべて安心・安全の方向に向かっています。例えば、新車で購入可能なほとんどのクルマには、シートベルト、エアバッグ、ＡＢＳ（アンチロック・ブレーキ・システム）が標準装備で付いています。

さらに最近は、軽自動車にも前走車を検知して車間距離を一定に保ちながら走るＡＣＣ（アダプティブ・クルーズ・コントロール）が付くようになり、自動ブレーキシステムに関しては２０２１年11月より義務化されます（国産車）。つまり、死亡事故どころか、事故そのものが起きないようになるのです。

一方で住宅といえば、安心・安全を守る仕組みとして建築基準法がありますが、その耐震基準は「震度6強～7の地震でもすぐには倒壊しないレベル」です。これは「最低限命は守れるが、建物は建て直しが必要になる可能性が高い」ということです。クルマの自動ブレーキのように、被害自体を軽減するものではありません。

また、昨今深刻さが増している洪水や津波、土石流、飛来物など地震以外の災害対策に関する保証はなにもない状態です。例えば２０１９年9月に千葉県を襲った台風15号の強風被害のように、屋根材が吹き飛んだり飛来物によって外壁に大きな損傷を負ったりすることなどは想定されていません。

したがって、現在の建築基準法に沿って建てられた住宅（ほとんどが木造住宅）は、建築コストの高低にかかわらず決して安全機能フル装備とはいえません。本当の意味での安心・安全を願うなら、建築主自体が勉強し、建築基準法＋αの安全性能の家を建てるしかないのです。

災害大国日本で最も脅威となる地震災害

日本は災害大国です。特に地震の被害は深刻で、過去二十数年で多大な被害をもたらした大地震が5回も発生しています（図表2）。

さらに2021年に入ってからも幸い死者は出ませんでしたが、マグニチュード7・3の福島県沖地震（2月13日）が発生しています。

このような事実から、日本ではいつどこで大地震が発生しても不思議はないということが分かるはずです。そして、人口が最も集中する首都圏における大地震の可能性も非常に高いといえます。

それは政府の地震調査委員会が公表している「全国地震動予想図」を確認するとよく理解できます。

この予想図では、今後30年以内（2018年1月1日時点）に震度6弱以上の激しい揺

図表2　**地震災害の被害状況**

①1995年1月17日 **阪神・淡路大震災**	マグニチュード7.3、死者・行方不明者6437人、負傷者4万3792人、家屋全壊10万4906棟、家屋半壊14万4274棟。被害総額は兵庫県の推計で約10兆円。
②2004年10月23日 **新潟県中越地震**	マグニチュード6.8、死者・行方不明者68人、負傷者4805人、家屋全壊3175棟、家屋半壊1万3810棟。当時の観測史上では、阪神・淡路大震災に続く2回目の最大震度7（基準の最高値）を記録。
③2011年3月11日 **東日本大震災**	マグニチュード9.0、死者・行方不明者1万8430人、負傷者6156人、家屋全壊12万1776棟、家屋半壊28万923棟。さらに避難生活などで亡くなった震災関連死が3700人以上で震災による死者・行方不明者を合わせると合計2万2000人。経済的損失額は、世界銀行の推計で約19兆円。自然災害による損失額としては史上1位。
④2016年4月14日 **熊本地震**	マグニチュード6.5、死者・行方不明者273人、負傷者2804人、家屋全壊8673棟、家屋半壊3万4726棟。気象庁震度階級が制定されてからはじめて震度7が2回観測された震災。2回の震度7という前代未聞の揺れによって、従来耐震性が高いとされてきた耐震等級1の家が倒壊する事態も発生。
⑤2018年9月6日 **北海道胆振東部地震**	マグニチュード6.7、死者・行方不明者42人、負傷者762人、家屋全壊462棟、家屋半壊1570棟。震源の近くでは大規模な土砂崩れが発生し、36名が犠牲に。

資料：厚生労働省「災害への対応について」より

れに見舞われる確率を記しています。このデータは、損害保険の料率設定、学校施設の耐震化の優先順位付けなどに使用されるほど信頼度の高いものです。
同図では、震度6弱以上の地震発生確率が市町村ごとに公表されています。

【震度6弱以上の地震発生確率（都市別）】

①千葉市　85％
②横浜市　82％
③水戸市　81％
④根室市　78％
⑤高知市　75％

千葉市、横浜市という南関東の大都市の確率が最も高くなっています。以前から首都直下地震が発生する確率は非常に高いとされてきました。首都直下地震とは、南関東全域のどこかを震源とする大地震の総称です。政府はその30年以内の発生確率を70％（マグニチュード7程度）としています。これはほとんどの関東に住む人にとって「いつかは来る」と覚悟するべき数値といえます。

国の有識者会議では、影響が最も大きいと想定される都心南部直下地震の具体的被害を、次のように想定しています（マグニチュード7・3、冬、夕方、風速8mという最悪のケース）。

・全壊・焼失棟数　約61万棟（内訳：揺れ約17万5000棟、液状化約2万2000棟、急傾斜地崩壊約1100棟、火災が約41万2000棟）

・死者　約2万3000人（内訳：建物倒壊等約6400人、急傾斜地崩壊約60人、火災約1万6000人、ブロック塀・自動販売機などの転倒や屋外落下物約500人）

・経済被害　95兆3000億円

・交通被害　主要道路の開通に少なくとも1日～2日。一般道は1カ月以上。鉄道運転再開は地下鉄で1週間、JRや私鉄は1カ月程度

私たちは、このような過酷な事態に遭遇しても生き抜く用意をしておく必要があります。それは単純な地震対策だけではありません。東日本大震災からも分かるように大地震発生時は津波が襲ってくることも覚悟するべきです。そのときが来たらどこに避難すれば安全か。また、万一避難できなかった場合でも命だけは助かる方法も考えておかなければな

りません。

さらに大地震や津波には火災が付きものです。国立研究開発法人 建築研究所の資料によると、東日本大震災で火災が多く発生したのは次の地域だとしています。
・震度5強以上の地域
・東京都区部およびその周辺、千葉市、横浜市などの都市部
・津波浸水被害のあった地域
震度5強以上という条件は、2004年の新潟県中越地震でも確認できており、震度が大きくなればなるほど出火率は高くなる傾向があります。

また、津波と火災が因果関係としてつながらない人もいるかもしれません。しかし、東日本大震災ではこのような経緯で火災が広がりました。

まず、停電中に使用するローソクが倒れたり、天井の照明が落下したり、風呂用ボイラー煙突の接合部が外れるなどの原因で火災が発生します。そしてその火元ががれきに引火し、津波によって流されることで延焼が拡大します。

東日本大震災では、津波などによって延焼した面積が全体で72ヘクタールに上ったとされています。これは東京ドーム約15個分に相当します。

すでに集中豪雨が当たり前になっている日本

私たちが備えなければならない災害は地震や火災だけではありません。その筆頭といえるのが集中豪雨です。

雨の強さに関して気象庁では図表3のように定義しています（1時間雨量〈mm〉）。

また、近年多くの豪雨被害が報告されています。

・平成27年9月関東・東北豪雨

２０１５年9月に関東地方から東北地方にかけて発生した豪雨被害。総降水量は、栃木県日光市今市で６４７・５mm、宮城県丸森町筆甫で５３６・０mmなど9月の月降水量平均値の2倍を超える雨量となりました。住宅の全壊81棟、半壊７０９０棟、一部破損３８４棟、床上浸水２５２３棟、床下浸水1万３２５９棟。なかでも茨城県常総市の鬼怒川の堤防決壊はメディアでも大きく報道され、全半壊家屋５０００棟以上、東日本大震災の教訓

図表3　**雨の強さ**

1時間雨量（mm）

10以上～20未満	やや強い雨。地面からの跳ね返りで足元が濡れる。雨の音で話し声が良く聞き取れない
20以上～30未満	強い雨。クルマのワイパーを速くしても見づらい
30以上～50未満	激しい雨。道路が川のようになる
50以上～80未満	非常に激しい雨。水しぶきで辺り一面が白っぽくなり、視界が悪くなる
80以上～	猛烈な雨。息苦しくなるような圧迫感がある。恐怖を感じる

気象庁「天気予報等で用いる用語 雨の強さと降り方」より

から２０１４年に竣工したばかりの常総市役所本庁舎も浸水するなど甚大な被害となりました。

・令和元年東日本台風

２０１９年10月に台風19号が関東地方、甲信地方、東北地方などに上陸。１時間降水量は、岩手県普代村で95・０㎜、神奈川県箱根町で85・０㎜を観測。箱根町に関しては日降水量が全国歴代１位となる922・５ミリを記録しました。また、長野県長野市では、基地に停められていた10編成120両の新幹線が浸水。すべて廃車となり、被害額は１４８億円に上ったといわれています。

・令和2年7月豪雨

２０２０年7月に熊本県を中心に日本各地で発生した集中豪雨。鹿児島県鹿屋市で1時間雨量が１０９・５㎜を観測するなど全国各地で統計開始以降の最大値を記録しました。また建物の住宅被害も大きく、全壊１６２１棟、半壊４５０４棟、床上浸水１６８１棟、床下浸水５２９０棟となっています。

以上のように昨今は、ほぼ毎年記録的な豪雨被害が発生しています。実際に日本の雨量は増加傾向で、気象庁が１００年以上の日降水量データがある51地点と約30年の24時間降水量データがある約１３００カ所を調べたところ、最近30年（１９７７年〜２００６年）と20世紀初頭の30年（１９０１年〜１９３０年）の比較では２００㎜以上の日数が約１・４倍になっています。また、1時間あたりの降水量も同様の傾向があり、最近10年（２０１０年〜２０１９年）の豪雨（50㎜以上）発生回数は、約35年前（１９７６年〜１９８５年）の約１・４倍に増加しています。気象庁はその原因の一つとして地球温暖化を挙げています。

このような状況を踏まえるとこれから家を建てる人は、水害対策も講じることが必須に

図表4　**浸水の判定（4段階）**

①床下浸水 （浸水深の最も浅い部分で測定。以下同）	建物損害の割合が20％未満。 半壊には至らない
②床上浸水	建物損害の割合が20％以上。半壊
③床上1mまで浸水	建物損害の割合が40％以上。 大規模半壊
④住居流失または 1階天井まで浸水	建物損害の割合が50％以上。全壊

内閣府「災害に係る住家の被害認定基準運用指針」より

なります。ところが「自分は川や海の近くに住まないから関係ない」と考える人もいます。

しかし、それでも安心はできないのです。水害には洪水氾濫と内水氾濫の2種類があります。前者は河川の水が溢れることで後者は市街地に振った雨水の排水が間に合わずに街中に水が溢れてしまうことです。国土交通省の『国土保全局水害統計』によると、最近（2008年〜2017年）の浸水棟数の原因のうち68％が内水氾濫となっています。したがって、たとえ川や海から遠く離れた場所でも浸水被害に遭う可能性は低くないのです。

これは被災時に火災保険の申請をする際にも役立ちます。浸水の判定は図表4にあるように4段階に分かれています。

床下浸水の場合は、保険会社によっては保険金が下りません。しかし、一般的な住宅の構造では床下に大量の泥が溜まり、病原菌や悪臭の発生源となります。また、木造の場合は腐朽の原因となるので一日も早く除去したいところです。そこで専門業者に依頼するという手もありますが、周辺に同じような被害が多発するため作業開始まで何週間も待たなければならないうえに多額の自己負担を強いられることになります。

忘れてはならない強風対策

台風は豪雨と同時に強風も発生させます。気象庁では風の強さを次のように定義しています。

・やや強い風
平均風速（m／s（以下同））10以上15未満。風に向かって歩きにくくなる。建物の樋（とい）が揺れ始める。

・強い風

平均風速15以上20未満。雨戸やシャッターが揺れる。屋根瓦がはがれる場合がある。

・非常に強い風

平均風速20以上30未満。なにかにつかまっていないと立っていられない。固定されていないプレハブ小屋が転倒する。

・猛烈な風

平均風速30以上。屋外での行動は極めて危険。風速35以上で多くの樹木が倒れる。40以上で住宅が倒壊する場合もある。

最近の強風被害では、令和元年房総半島台風が記憶に新しいと思います。2019年9月に台風15号が観測史上最強クラスとして関東地方に上陸し、千葉市では瞬間最大風速57・5mを記録。千葉県を中心に住宅の全壊457棟、半壊4806棟という被害をもたらしました。また、千葉県市原市のゴルフ練習場の高さ10m以上の鉄柱が風圧で倒壊し、10戸ほどの近隣住宅を破壊する事態となりました。

強風による被害は、このような台風だけでなく竜巻にも注意しなければなりません。

これからの住まいは「減災住宅」の視点が有効

これから家を建てる場合は、地震、火災、津波、洪水、土砂崩れ、風災などあらゆる災害に備える必要があります。

このとき重要になるのが「減災」という考え方です。減災とは、災害時の被害を最小限に留める取り組みです。これまでは「防災」という言葉が一般的でしたが、すべての災害を防ぐことは実質不可能であることが分かってきました。そこである程度の被害を想定したうえで、その被害をできるだけ軽減させることを目指そうという考えが浸透してきたのです。減災においては命を守ることを最重要としながら、さらにケガをしないことを重視します。命からがら避難できてもケガをしてしまえば、その後の復興活動に支障が出るかもしれないからです。

災害時の建築物において、死亡者と負傷者が発生する過程には若干の違いがあります。死亡原因の多くは、建物が倒壊することによる窒息死や圧死です。ですから建築基準法では、最低限倒壊しないことを目指しているのです。

一方で負傷の原因の多くは、建物の倒壊ではなく部屋の中の家具や家電といった物体の落下や転倒が大きな割合を占めます。

阪神・淡路大震災の被災者に聞いた話では、揺れを感じた途端、ブラウン管テレビがバスケットボールのように飛び跳ねて向かってきたといいます。幸い避け切れたということですが、ぶつかっていれば大ケガをしていたかもしれません。

また、災害時は柱など建物の躯体は大丈夫でも、壁や天井など内装材が崩れてくることも考えられます。東日本大震災では、震源から遠く離れた東京都内でも天井が落下してケガ人が多数出るという事態が発生しました。九段会館大ホール（千代田区）の吊り天井が崩落し、そこで行われていた専門学校の卒業式を直撃したのです。死者2名、重軽傷者31名が出るという大惨事となりました。これにより九段会館は、2011年4月に廃業となっています。

そしてたとえ倒壊は免れても、いつ崩れるか分からない状態ではそのまま住み続けることはできません。そうなれば避難所生活を強いられることになります。

この避難所生活が心身ともに悪影響を及ぼすことが分かってきています。

そのきっかけは、2016年の熊本地震です。同震災の犠牲者は約270人でした。そのうち建物の倒壊など震災そのものが原因となったのは約50人で、それ以外の大半は避難所生活で体調を崩すといった災害関連死だったのです。

さらに今後の避難所生活では、新型コロナウイルス感染の可能性も高まります。密閉、密集、密接、いわゆる3密になりがちな避難所での感染症リスクは、阪神・淡路大震災でも明確に証明されています。この災禍では6402人が亡くなりました。そのうち14・4％の919人が災害関連死です。そしてその約4割となる約350人がインフルエンザの感染をきっかけとする循環器系疾患などで命を落としているのです。

命を守るために身を寄せる避難所ですが、そこは決して安全な場所ではありません。常に感染症リスクと隣り合わせだからです。

ですからこれから家を建てるなら、震災や洪水などの被災者となっても避難所に行かなくて済む建物にすることが必須となります。

つまり減災を実現するには、倒壊しない、さらに被災後もそのまま生活を続けられる家に住むことが必要不可欠だということです。

では、現在の家はどれも減災住宅といえるでしょうか。その答えはノーとしかいえません。

日本建築学会が行った2016年に発生した熊本地震に対する被害調査では、現在の建築基準法（2000年6月～）で「倒壊しない」とされる耐震等級1の木造住宅でも6・0%（319棟中19棟）が大破・倒壊しました。大破とは、柱がせん断、ひび割れ、曲げひび割れによって耐力が著しく落ちている状態です。そのまま住み続けることはできません。

この事実から、建築基準法をクリアしているからといって安心・安全ではないことが分かります。つまり、本気で家族や財産を守りたいなら、やはり法規制＋αの観点で家を選ばなければならないのです。

ちなみに、沖縄県に目を向けてみると新たな真実を発見することができます。沖縄県の住宅はRC造が約85%で、すでにRC造の住宅が常識になっています。その要因は、これまでに毎年何回も台風の直撃を受け、その自然の猛威から命と財産を守るために必要なことを学んできた結果です。沖縄県では道路にある電柱も本州とは異なり、強度の高いものが採用されています。

日本全体が熱帯化している現状では、沖縄県の皆さんが経験してきた環境を今後、私たちも経験することになると予想しています。

建築工法を徹底比較！
最も安心・安全なのは
ＲＣ住宅

Part

3

建築構造は建物の特徴を決定づける

一言で家といってもその中身は千差万別。坪単価30万円程度のものと100万円も超えるものを比較すれば質感も安全性も大きな差があります。

ただし家には、お金ではどうしても埋められない違いもあります。その主な違いは建築構造によって生じます。工法として、木造には木造軸組工法とツーバイフォー（2×4）工法、鉄骨造には鉄骨軸組工法（ラーメン工法）、そしてRC造にもラーメン工法とRC壁式工法があります。どのようなメリット・デメリットがあるかを比較していきます。

木造軸組工法の特徴とメリット・デメリット

木造軸組工法は、日本で最も古くから用いられてきた工法です。そのため在来工法ともいいます。

この工法は、柱と梁（横の構造材）を組み合わせて建てるので、「軸組」という名称になっています。柱と柱の間に斜めに取り付ける筋交いなどで耐震性を確保します。

以前は職人の技術によって施工品質が左右されるものでしたが、昨今は工場で加工された木材や集成材などを採用することで、精度のばらつきがなくなりつつあります。

また木造住宅にはシロアリ被害のリスクがつきものです。そのなかで「ヒノキはシロアリに強い」というイメージが生活する人たちに定着しています。住宅の品質確保の促進等に関する法律でも小径12㎝以上のヒノキを軸組みに使用すれば、防蟻処理を省略できると規定されています。しかし、シロアリ駆除の現場からは「ヒノキの蟻害は珍しくない」との声が多く、本当にヒノキはシロアリに強いのか、実証実験が行われました。その結果、ヒノキといえども防蟻処理をしなければ蟻害を受けることが分かっています。

【メリット】

・安価

日本で最も着工戸数が多いので部材の流通量も多く、安価に建てることができます。

・熟練した職人が多い

最も普及している工法なので、熟練した職人も多くなっています。その結果、比較的施工期間が短く、メンテナンスも容易です。

・間取りの自由度が高い

木材は比較的容易にカットできるので構造的な制約が少なく、狭小地や変形地にも対応しやすいといった特長があります。

・耐震性の確保が比較的容易

木材は鉄やコンクリートなどほかの部材に比べて軽量です。そのため、比較的耐震性の確保がしやすくなります。

【デメリット】

・シロアリ被害の可能性がある

シロアリは基本的になんでも食べます。そのなかでも木材は大好物です。そのため、建築基準法では防蟻処理が義務付けられています。そこでほとんどの木造住宅で薬剤が使用されるわけですが、その効果は5年程度でなくなるので定期的なメンテナンスが必要です。また、この防蟻剤の人への影響も懸念されています。

・腐朽することがある

木材は湿気などによって腐朽し、カビなどが生えてきます。これを防ぐにはしっかりと通風を確保するなど高い施工品質が求められますが、近年の高性能住宅を実現しようとすると、木材を密閉してしまうことが多くなります。

・大空間や大開口の設計はしにくい

昨今は広いリビングや大きく開く窓のある家の人気が高まっています。しかし、木材は素材自体の強度が高くないので、より太い梁や柱にしないとこのニーズを満たすことができません。ところがこのような太い部材は高額なので、安価という木造のメリットがなくなってしまいます。

・素材自体が燃える

木材は鉄骨よりも火災による耐久性が強いといえます。しかし、素材自体が燃えることに変わりはありません。減災住宅を考えるならこれは大きなデメリットになります。

ツーバイフォー（2×4）工法の特徴とメリット・デメリット

ツーバイフォー（2×4）工法の「2×4」は、構造材のサイズを表しています。断面寸法が2インチ×4インチ（約5㎝×10㎝）の木材で枠を組み、合板を取り付けることで壁（パネル）を形成します。そしてこのパネルによって壁、床、天井の6面体を形づくり建物全体を支えます。

北米の木造住宅はほとんどがこの工法で建てられており、その他ヨーロッパ、オセアニア、南米など世界中でも採用されています。

【メリット】

・耐震性を確保しやすい

軸組工法は建物を柱や梁などの「点と線」で支えます。一方でツーバイフォー工法は壁、床、天井の「面」で支えます。この面が耐力壁となるため特別な金物などを用いなくても高い耐震性を確保できます。

・低コスト

世界中で流通している部材を使用するので、低コストで建てることができます。

・施工品質が安定しやすい

そもそも熟練度があまり必要とされない工法のうえ、構造材から釘までサイズや施工方法が公的に規定されているので、完成度のばらつきが生じにくくなります。

・気密性が高い

パネルをつなぎ合わせた6面体で構成される建物なので隙間が生じにくく、高い気密性を確保できます。

【デメリット】

・間取りの自由度が低い

パネルで構成する工法なので、間仕切壁や窓の位置・大きさなどの制約が軸組工法よりも多くなってしまいます。そのため、間取りにこだわる人や狭小地に建てたい人にはあまり向かない工法です。

・リフォームしにくい

面によって強度を確保している建物なので、軸組工法ほど自由に壁を取り払うことができません。そのため、部屋と部屋をつなげて大空間にする、増築するといった大掛かりなリフォームはしにくいといえます。

・施工中の雨対策が必要

1階から壁をつくって屋根をかける工法なので、施工中に雨が降れば中の木材が濡れてしまいます。木材にとって水分は大敵。腐朽やカビの原因になります。そのため施工時は、他の工法以上に細心の雨対策が必要になります。

・シロアリ被害の可能性がある

ツーバイフォー工法で建てられた家も、木造住宅の一種です。しかも面構造は風を通しにくいので湿気が溜まりやすいといえます、それゆえ、軸組工法以上にシロアリ被害に注意しなければなりません。

・素材自体が燃える

木造ゆえに構造材自体が燃えてしまう性質があります。

鉄骨軸組工法（ラーメン工法）の特徴とメリット・デメリット

住宅で使用される鉄骨は、大きく分けて2種類あります。一つは鉄骨の厚みが6㎜未満の軽量鉄骨。もう一つは厚みが6㎜以上の重量鉄骨です。

軽量鉄骨は、おもに軸組工法に用いられます。これは木造の軸組工法を鉄骨に置き換えたもので基本的な構造は同じです。工場生産された鋼材を柱や梁、ブレース（筋交い）などとして用いて建てます。

重量鉄骨は、軽量鉄骨よりも剛性が高いので、より本数が少なくても建てられるラーメン工法に用いられることが多くなっています。ラーメン工法とは、工場で柱と梁を剛接合して筋交いなしのボックス型のユニットを製造し、現場に運んで組み立てる工法です。こちらの工法は柱の本数が少なくて済むので、より大空間や高層階が求められる倉庫やマンションにも多く採用されています。

鉄骨造と聞くと木造よりも防音性が高いと思うかもしれません。しかし、ツーバイフォー工法のように壁で囲むわけではなく、基本的には木材を鉄骨に置き換えただけの構造なので防音性の差はほとんどありません。

【メリット】

・大空間・大開口をつくりやすい

鉄骨（125㎜角、3・2㎜厚）の座屈強度（立てたときの上からの重量に耐えられる強度）は約18・2トンです。一方で杉材（120㎜角）は約13・5トン。多少太さは違いますが同じ太さなら鉄骨のほうが強度が高いことは間違いありません。それゆえ、大空間大開口がつくりやすいといえます。

・施工精度が高い

鉄骨は工場で生産される工業製品です。したがって、寸法に狂いがなく品質も一定。そのため、施工精度も高くなります。また、木材（無垢材）のように気温や湿度によって割れや反りが出ません。

・木造よりはシロアリに強い

鉄骨造ならばシロアリ被害はない、と思われがちですが、それは誤りです。鉄骨造でも、床を支える部材や内装材などには木材を使用しているので、そこまでシロアリが到達してしまえば被害が発生してしまいます。とはいえ、構造体である鉄骨自体を食べられることはないので木造よりはシロアリに強いといえます。

【デメリット】

・現場加工ができない

住宅の建築現場にいると、「設計図ではここが出っ張っているけど、そのままだと人が通りにくい」といった細かな不具合が発生することがあります。このようなとき木造ならば大工さんがノコギリ等で加工してくれますが、鉄骨ではそのような小回りが利きません。

・現場を選ぶ

鉄と木（杉）の比重を比較すると7・8対0・4になります。つまり、鉄のほうが圧倒的に重いのです。そのため、鉄骨を建築現場に運ぶにはトラックや重機が不可欠で、狭小地など道路幅が狭い現場では建築ができない、または手間がかかるとして多額の追加費用が掛かる場合があります。

・結露が生じやすい

鉄は木材やコンクリートよりも熱伝導率が高い素材です。

それゆえ鉄骨造の建物は、室内と屋外との温度差が生じやすく、結露発生の原因となります。結露は壁紙など建築資材の劣化を早めるだけでなく、カビも発生させます。

・高コスト

鉄骨造は木造ほど普及していない、建物が重いのでより頑丈な基礎が必要、といった理由から建築費が割高になります。

・火災に弱い

建築の構造材などに使用されるようなある程度厚みのある木材は、火がついても表面が炭化するだけで奥のほうはなかなか燃えずに一定の時間は強度を保ちます。

ある実験で木材と鉄骨の耐火性能を比較しました。この実験は、木材と鉄骨に500kgの重りを載せて約1000℃まで過熱するというものです。そして5分後、木材は表面は赤く焼け焦げているものの強度は保っているのに対し、鉄骨はぐにゃりと曲がってしまいました。鉄骨は550℃を超えると急激に柔らかくなり、耐久性が大幅に落ちてしまうのです。

火災時の建物は、避難をする時間を稼ぐことが重要な役割となります。この意味で鉄骨は他の素材よりも劣っているといえます。

・リフォームがしにくい

鉄骨造の場合、何年か経過したときにリフォームをしようとしても、一切間仕切りの変更ができない可能性が高く、トラブルになっているケースもあると聞いています。

RC（鉄筋コンクリート）壁式工法の特徴とメリット・デメリット

コンクリートの歴史はたいへん古く、古代ローマまでさかのぼります。ローマ人は石灰・砂・砂利に水を加えて混ぜると硬化することを知り、建物や橋などを建造していました。この素材こそがコンクリートです。

世界的に有名なパルテノン神殿はコンクリート製で、紀元前438年に完成しています。つまり2400年以上前のコンクリート建築物ということになります。

このことからも分かるようにコンクリートの寿命は、半永久的といえます。

・コンクリート……圧縮力に強いが、引張力に弱い

・鉄筋……引張力には強いが、圧縮力に弱い

そこで中に鉄筋を入れて強度をアップさせることが考えられました。鉄は引張強度が高い一方で錆びやすいという特性があります。しかし、アルカリ性のコンクリートの中に入れてしまえば、錆びにくくなるうえに衝撃にも強い素材になります。要するにお互いのデ

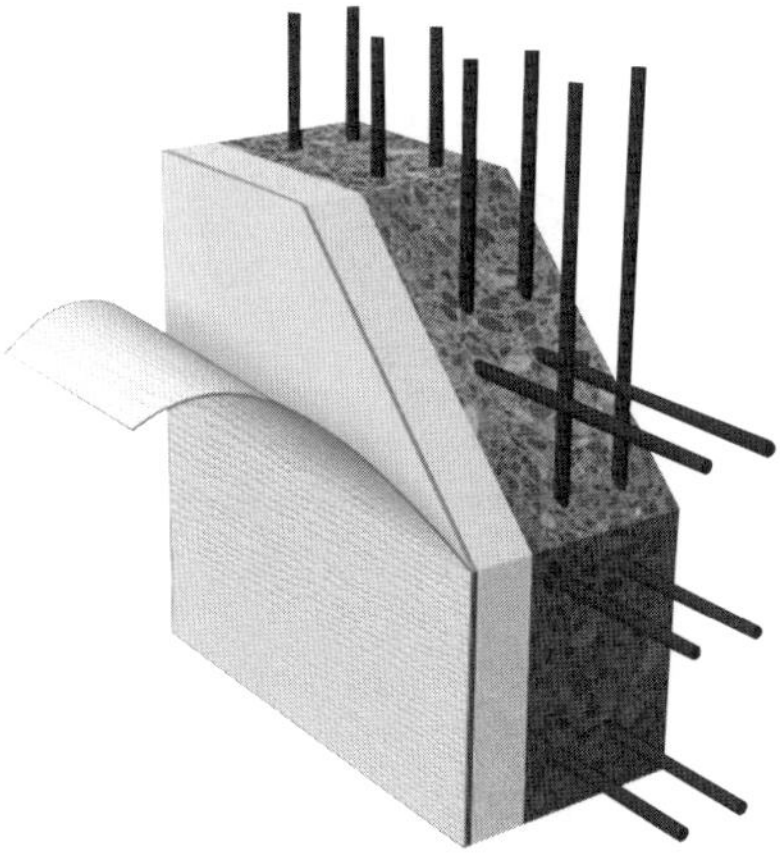

RCの構造CG

メリットをカバーし合える。これがRC（鉄筋コンクリート）です。

RC造の建物は、大きく分けて次の2種類があります。

・壁式工法

軸組工法のように柱や梁を組み上げるのではなく、RCの壁で6面体を形成して建物を構成していく工法です。基本的な構造は木造の2×4（ツーバイフォー）工法と同じになります。

・ラーメン工法

こちらは鉄骨で説明したラーメン工法と基本的には同じ構造になります。鉄骨では

壁式工法住宅の断面

なくＲＣの柱と梁を剛接合して筋交いなしのボックス型のユニットを造り、建物の形に組み立てる工法です。

ラーメン工法は、大空間や高層階がつくりやすいといった特長があります。そのため、防災・減災を第一と考える本書では、壁式のＲＣ住宅を扱うことにします。

壁式の中にも現場打ち工法とプレキャスト工法の2種類があります。

現場打ち工法とは、文字どおり建築現場で鉄筋を組み、コンクリートを流し込んで建物を建てる工法です。熟練した職人が現場や天候に合わせてコンクリートの配合を変えたり、それぞれの地形に合わせた施工が可能になります。また、現場でコンクリートを流し込むので、床と壁を隙間なく一体化させることができます。

一方でプレキャスト工法は、工場でRCの壁（プレキャストコンクリートパネル）を製造し、現場に運んで組み立てるものです。

この工法の最大のメリットは、工場生産なので現場の職人の腕に左右されず、安定した品質のRC造になるということです。

ただし、プレキャストコンクリートパネルはあくまで規格製品なので、縦横のサイズが決まっており、それぞれの地形に合わせて細かく設計することは難しくなります。また、大きくて重いパネルを現場まで運ぶことになるので、敷地周辺の道路はそれなりに幅広いものが求められます。そのため狭小地には向かない工法といえます。

そして現場で床と壁を接着することになるので、強度のムラや隙間発生の可能性も現場打ちよりは高くなります。


【メリット】

・耐震性が高い

2016年の熊本地震では、現在の建築基準法（2000年6月～）で「倒壊しない」

とされる耐震等級1の木造住宅の6・0％（319棟中19棟）が大破・倒壊しました。耐震等級1の1・25倍の強度があるとされる等級2の家でも倒壊したものがあります。

そして耐震等級1の鉄骨造も4・5％が大破・倒壊しました。

一方でRC造は、2000年どころか建築基準法が大幅に改正された1981年以降でも1棟も倒壊していません。

このような結果になった理由は、RC造の耐震等級1は木造・鉄骨造の耐震等級3（最高等級）と同等、またはそれ以上の耐震性があるからです。

なぜそのような矛盾が生じるのでしょうか。そのわけは建築基準法で求められる指標にあります。

まず、現行の建築基準法では木造住宅（2階建て以下）に対して構造計算を求めていません。構造計算とは、居住する人数、家具、家電など屋内に入るモノすべてを合計した荷重を計算して床の強度を算出し、さらに建物の重量などを加味して大地震が発生した際でも耐えられる基礎の強度も算出するといった倒壊しない建物にするための計算です。これは間取りや使用する部材などによって大きく変化するので、結果は一棟一棟異なります。

この計算は非常に手間のかかる作業で、30～40坪の普通の住宅でも記録する書類はA4

用紙で250枚くらいになります。
木造建築（2階建て以下）の場合、この手間を省くため構造計算はせずに「この面積の建物ならこの部材をこの数だけ使えば耐震等級1になる」といった仕様規定で建てられます。

・**耐火性が高い**

木造は鉄骨造よりも火災に強い、と書きました。しかし、燃える素材であることは間違いありません。火災時に倒壊しなくても焼け焦げた柱を再利用することは難しい場合が多いです。また、消火活動で水浸しになってしまえば、乾くまでに腐ってしまうかもしれません。たとえ命は守れてもその後の生活を考えれば、安心の素材とはいえません。

ではRC造ならどうでしょう。RCは1000℃の炎に2時間さらしても強度を保つことができます。この高い耐火性能は、倒壊だけでなく隣家からの延焼も防ぎます。

住宅密集地や商業地の多くは、建物の延焼を防ぐために防火地域または準防火地域に指定され、そこに建てる建物も「耐火構造」「準耐火構造」「防火構造」のいずれかにしなければならないといった規制があります。

この中で最も厳しい基準が「耐火構造」です。この構造は1時間の火災に耐える性能が求められます（4階建て以下の場合）。

木造の場合、耐火構造にするなら特別な石膏ボードを使用するなどさまざまな仕様変更が必要になります。しかしながらRC住宅の場合は、そのままで耐火構造の倍の2時間、火災に耐えられます。

さらに燃えない素材なので落雷などにも強いといえます。実は落雷による建物火災は少なからず発生しています。東京消防庁の資料によると、2013年度は12件発生していました。RC造は外壁に落雷があっても燃えることはありません。

また、RCは炎にさらされても木材のように炭化したり、鉄骨のように変形したりすることはほとんどありません。

そのことを実感した個人的な体験があります。私は子どもの頃総戸数1万戸以上ある高島平団地（東京都板橋区）の近くに住んでいました。これだけの戸数があると、火事も頻繁に発生します。おそらく年間5～6件は発生していたと思います。私は子どもだったので興味をもって見に行っていたのですが、だいたい3カ月後にはきれいに修復され、何事もなかったかのように人が住んでいました。

このような優位性からRC住宅の火災保険料は、木造住宅（準耐火構造でないもの）と比べて格段に安くなります。同じ広さや新築価格でもだいたい年間数万円（地震保険有）は安価になるはずです。仮に差額が5万円として30年なら150万円。大きな差です。

・津波・洪水・土砂崩れに遭っても流されにくい

最近の日本では毎年記録的な豪雨・台風被害が発生しています。その結果、全国各地の河川で堤防が決壊し、多くの住宅が流失しているのです。

このような水害で、多くの人に最もインパクトを与えたのが2011年の東日本大震災による津波です。三陸沖の太平洋を震源とした日本の観測史上最大規模のこの地震は、最大40mを超える（岩手県大船渡市）という途方もなく巨大な津波をもたらしました。

その惨状をテレビ中継などで見て、目に焼き付いている人も多いと思います。私の場合は建築家としてどうしても現地を確認しなければならないと思い、宮城県の気仙沼市へ赴き、目の当たりにしました。

気仙沼市にも高さ20mを超える津波が襲いました。その結果、見渡す限りクルマの残骸とがれきだけが「延々と」広がる荒野です。建物は基礎しか残っていません。まさに爆撃を受けたあとのようでした。しかも所々に大きな船が転がっているのです。その異常な風景に胸が押しつぶされそうになりました。

「なにもかもが流されてしまった。この街はこれからどうやって立ち直っていけばいいのだろう」

あまりの衝撃に言葉を失い立ち尽くしていると、視界の先に唯一の存在感を放つ建物を見つけました。荒れ果てた大地に「ポツン」と立つ建物。それは知り合いの建築家が手掛けたRC住宅でした。

その建物は地上3階建てのRC造としてはごく一般的な住宅です。場所が海岸からやや離れていたため、津波の高さは10mを超えるくらいだったそうですが、それでも周囲の建物は壊滅状態でした。しかし、このRC住宅は強大な津波の力に耐え、周辺では唯一残った建物でした。ガラス窓は割れていましたが、外壁はほとんど無傷だったので、中を掃除してガス、水道、電気といったインフラが普及すれば、そのまま住める状態でした。

なぜ、この建物だけ生き残ることができたのでしょうか。その理由はRC住宅の重量にあります。

「木造」「鉄骨造」「RC造」の住宅の重さを比較すると次のようになります（延べ床面積30坪で2階の場合）。

木造：約30トン
鉄骨造：約38トン
ＲＣ造：約１６０トン

このようにＲＣ造は圧倒的に重いのです。それゆえ、大津波が来ても流されることがありません。東日本大震災の津波にも耐えることができるということは、河川の氾濫程度では流されることはほとんどないはずです。

しかも外壁が非常に堅牢なので丸太や看板といった大きな浮遊物がぶつかってもサイディングやタイルなど他の建材と比べて傷や穴が空きにくいといえます。

ＲＣ造の津波に対する強さに関しては、国立研究開発法人 建築研究所の『平成23年（２０１１年）東北地方太平洋沖地震被害調査報告』でも次のように触れています。

「多くのＲＣ造建築物は津波のあとも残存しており、特に建設年代が比較的新しいと推測されるＲＣ造建築物ではその傾向が強い。残存したＲＣ造建築物には構造躯体の顕著なひび割れ等は見られず、また、非構造壁なども大きな損傷を受けずにほぼ無被害の状態で残っているものが多い」

さらに現場打ちの壁式工法なら、基礎と外壁が隙間なくつながった構造になるので床上浸水となっても基礎の中に水や泥が入ってきません。その防水性能の高さは、学校などのプールの底がＲＣ製であることからも分かります。

それゆえ、被災後一般的な木造住宅のように泥を掻き出したり、乾かすまで何週間も待ったりするといった手間がかかりません。まさしく「減災住宅」なのです。

また、その重厚さと堅牢さの優位性は、土砂災害に遭った際にも大いに発揮されます。土砂災害時の犠牲者の多くは、家屋が押しつぶされることによって生き埋めとなります。しかし、そのような事態でもＲＣ造なら強固なシェルターとなり、命を守れる可能性が高くなります。

・強風に強い

建物を揺らす災害は地震だけではありません。台風などによる強風も建物を揺らし、場合によっては倒壊することもあり得ます。特に昨今の台風は大型化しているので事前の対策が必須といえます。

しかし、重量があるＲＣ造は、そのままで瞬間最大風速60ｍ／秒クラスの暴風にも耐えることができます。

また、基本的に他の工法のように屋根材として瓦やスレート板を使用しないので、屋根を飛ばして近隣の住宅に迷惑をかける心配もありません。

・長寿命

コンクリートは半永久的にもつ素材です。しかし、そのままでは地震や津波に耐える強度はありません。そこで中に鉄筋を入れてRCにするわけですが、鉄は錆びると大幅に強度が低下します。したがってRCの寿命は、鉄筋が錆びるまでということになります。

錆びるとは酸化することを意味します。コンクリートは強アルカリ性なので中の鉄はなかなか錆びません。しかし、コンクリートは空気中の二酸化炭素に触れ続けることで表面からだんだんと中性化します。それが鉄筋まで到達したときに錆が生じはじめるというわけです。

ちなみにRCの寿命は約160年になります。一般的な木造住宅の寿命（建て替える時期）が27年といわれていますから、RC造住宅はそれを大きく上回ることになります。

さらに最新のRC住宅は、より耐久性をもたせるために外壁に塗装を施します。これには定期的なメンテナンスが必要ですが、それを怠らなければ寿命は、より延びます。

実際に築100年を超えるRC建築物は存在しており、三井物産横浜ビル（2015年にKN日本大通ビルに改称）は１９１１年竣工の築１２０年になります。

この話をするとよく「木造の奈良の法隆寺は築１４００年ではないか」と言われますが、あちらは快適性をまったく考慮していない隙間だらけの建物です。床下などが常に乾燥しているので腐朽やシロアリ被害がありません。

また、柱には世界で最も長持ちするといっていいほど丈夫な樹齢１０００年を超えるヒノキを使用しています。現在、このような部材は、いくらお金を積んでも手に入りません。要するに現在のＲＣ造とは比較できないのです。

・放射能や有事にも強い

東日本大震災後、社会の放射能汚染に対する関心が一気に高まりました。もちろん風評に踊らされることは厳に慎みたいところですが、いざというときに放射能汚染さえも軽減できる家ならそれに越したことはないでしょう。

実は、コンクリートは放射能を遮断します。身近な例としてはレントゲン室の壁がコンクリート製となっています。

そして実際に放射能を遮断するために建物をコンクリートで囲い込んだ例もあります。

それはチェルノブイリ原発事故です。

１９８６年4月26日、旧ソ連ウクライナ共和国のチェルノブイリ原発で当時史上最悪といわれる事故が発生しました。急激な出力上昇による爆発事故が発生し、大量の放射能が放出。４月27日には海を越えたスウェーデンでも検出されました。日本でも5月3日に大阪府で観測されています。

ソ連政府の報告によると、大量の放射線被曝による急性障害が２００名あまりに現れ、31人が死亡するという大惨事となりました。そして同年6月に崩壊した原子炉と建屋を丸ごとコンクリートで囲い込む「石棺」の建設が始まり、11月に完成しました。

本当に身近で原発事故が起こったら、いくらＲＣ造の家にいても安全とはいえません。しかし、ほかの家にいるよりは影響が少ないことは間違いありません。

また、ＲＣの頑丈な外壁は戦争や騒乱といった有事においても役立ちます。そもそもＲＣ造の壁は暴風などで飛来してくる瓦程度ではびくともしません。

それどころかおそらく弾丸でも貫通できないはずです。その根拠として東京工業大学のセキュアマテリアル研究センターなどが行った実験結果があります。同実験では、１００㎜四方の鉄筋コンクリートの柱に対して、一段式火薬銃より発射した直径20㎜のステンレス製飛翔体を衝突させました。その結果、最も飛翔体速度を上げた状態（1048m／s）でも貫通することはありませんでした。

外壁材として最も普及しているサイディング材の場合は、瓦が飛んできても場合によっては突き抜けてしまいます。それと比べれば雲泥の差といえるでしょう。

このようなことからRC住宅は、万一、日本において有事が発生しても強固なシェルターになるといえます。

【デメリット】

・建築コストが高い

RC住宅のデメリットとして最も指摘されるのが、建築コスト（イニシャルコスト）が高いということです。確かにRC住宅は木造や鉄骨造（軽量鉄骨）よりも高額になります。私どもが手掛けるRC住宅の場合、平均坪単価は100万円前後です。木造の全国平均が坪約60万円ですから明らかに高いのは間違いありません。

しかし、ランニングコストも加味すればむしろ割安といえます。

・工期が長い

一般的な木造住宅や工場で部材を製造するハウスメーカー系の鉄骨住宅の工期は4カ月前後です。一方で現場打ちのRC住宅の工期は、6カ月前後になります。やはりコンクリートが固まるまで待たなくてはならないので、それなりに時間がかかります。

・結露しやすい

コンクリートだけでは蓄熱性はあっても断熱性はありません。したがってRC造だけでは快適な環境とはならず、断熱工事が必要となります。ただし、施工方法によっては結露の発生が心配になります。これからの建物ではどの構造でも同様ですが、断熱性能がとても重要で、断熱材とその施工方法には十分注意する必要があります。

このほかにも世の中ではRC住宅に対して「軟弱地盤には建てられない」ことがデメリットとして挙げられています。しかし、それは間違った情報として広まっているのです。

RC住宅のデメリットは工期のみです。しかしながら家は一生でいちばん高価な買い物です。たった2カ月の違いで選択を変更するのは得策とはいえません。

安心・安全だけではない！
ＲＣ住宅は
快適性とデザイン性も
兼ね備えている

Part

4

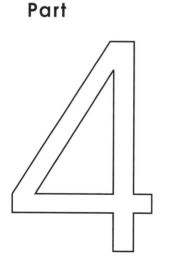

トータルバランスに優れている

安心・安全な家を求めるなら、ＲＣ住宅は最も優先順位の高い選択肢となるはずです。とはいえ、家は一生でいちばん高価な買い物であり、家族のライフスタイルを決定づけるものといえます。たとえ安心・安全であっても「住み心地が悪い」「デザインが気に入らない」といった理由で、ただの箱になってしまっては意味がありません。

しかしながらＲＣ住宅は、快適性やデザイン性などの幅広いニーズを満たすことも可能です。

高い断熱性能

夏は涼しく、冬は暖かい。家はエアコンなど冷暖房機器をフル回転させなくても、そのような室内環境が維持できれば理想です。

それには高い断熱性能が必須となります。断熱性能が高い家は、一年中快適な室温で暮らせるだけでなく、冷暖房費も安く済む、いわゆる省エネ住宅です。

また、寒くなりにくいので風邪をひきにくくなり、暖かい部屋から寒いトイレや浴室へ行くことによって心筋梗塞、脳梗塞などを引き起こすヒートショックの予防にも貢献する健康住宅ともいえます。

高い断熱性能の目安としてUA値（外皮平均熱貫流率）があります。これは外壁や屋根など家の外部に面している部分（外皮）すべての面積に対して、どれくらいの熱量が逃げているのかを数値化したものです。UA値が小さければ小さいほど熱が逃げにくく、断熱性能が高い家であるといえます。

では、どれくらいのUA値だと高断熱といえるかというと、国が定める住宅性能表示制度の断熱等級やZEH（ゼッチ）基準などが目安となります。

断熱等級では、気候によって日本を8地域に分けており、東京都における最高等級4のUA値は0・87以下です。

なお、断熱等級4は2020年に義務化される予定でした。新築されるすべての一戸建てが、この基準をクリアした省エネ住宅になるはずだったのです。

しかし、「断熱等級をクリアする方法をよく理解していない住宅会社（職人）が多い」「申請者、審査者ともに必要な体制がまだ整っていない」といった理由で見送りになりました。

それほどこの基準をクリアするのは簡単ではないということです。

この断熱等級4を上回るものがZEH基準です。ZEHとはネット・ゼロ・エネルギー・ハウスの略で、家で消費するエネルギー量と家の太陽光発電システムなどでつくり出すエネルギー量をプラスマイナスゼロ、またはつくり出すほうを多くする家を指します。ZEH基準をクリアする家には、国から補助金が出るなどさまざまなメリットがあります。

ZEH基準を満たすには複数の項目がありますが、その一つが断熱性能です。ZEHが求める断熱性能はUA0・6以下。等級4よりもはるかに厳しいハードルです。

そこでRC住宅です。私たちが建てるRC住宅のUA値は0・52。この数値は建物によって多少上下しますが、ほとんどは標準仕様でZEH基準をクリアします。

ちなみにUA値0・52の家は、2016年のハウス・オブ・ザ・イヤーを受賞しています。この賞は、一般財団法人 日本地域開発センターが主催する制度で、省エネルギーやCO_2削減等に貢献する優れた住宅を表彰するものです。

もちろんこの家も標準仕様です。受賞を狙って特に断熱材を増やしたものではありません。したがってRC住宅は、「夏は涼しく、冬は暖かい」を実現しやすいといえます。

高い気密性能

高断熱を実現するには高気密も必須となります。壁にいくら分厚い断熱材を詰め込んでも隙間だらけでは室温は保てません。

現場打ちの壁式ＲＣ住宅は、基礎から屋根まで一体化させるので構造的に隙間はありません。室内と外がつながる部分は、基本的に窓、玄関、換気扇しかないのです。

この気密性の高さは、計画的な室内空気の入れ替えにも貢献します。コロナ禍では非常に有効な性能といえます。

高い遮音性能

仮に同じ家賃で賃貸マンション（ＲＣ造）と木造アパートがあった場合、多くの人はマンションを選ぶはずです。

その主な理由は「静かだから」です。なぜ静かなのか説明できなくても、ほとんどの人は木造や鉄骨造よりもＲＣ造のほうが遮音性が高いことを知っています。

そもそも音は、日常では空気の振動によって伝わります。そして音の振動は、物体にぶ

図表5　音のレベル

一般的な目安	音圧レベル	参考例
きわめてうるさい	120dB	・飛行機のエンジンの近く
	110dB	・自動車のクラクション（2m）
	100dB	・電車が通過するときのガード下 ・液圧プレス（1m）
	90dB	・犬の鳴き声（5m） ・騒々しい工場の中
うるさい	80dB	・地下鉄の車内 ・騒々しい交差点 ・電車内　・ピアノ（1m）
	70dB	・騒々しい事務所の中 ・騒々しい街頭 ・セミの鳴き声（2m）
	60dB	・静かな乗用車 ・普通の会話　・洗濯機（1m） ・掃除機（1m）　・テレビ（1m）
普通	50dB	・静かな事務所 ・家庭用クーラー（室外機）
	40dB	・市内の深夜　・図書館 ・静かな住宅
静か	30dB	・静かな住宅地の昼 ・ささやき声
	20dB	・ささやき ・木の葉の触れ合う音

出典：「全国環境研協議会資料」

つかると減少します。その減少率は物体の質量が大きければ大きいほど高くなります。したがって、外壁の質量が軽い木造や鉄骨造よりも重いRC造のほうが遮音性が高いのです。この理屈は上下階の音の伝わり方にも当てはまります。

外壁の遮音性能を表す指標にD値、上下階の遮音性能を表す指標にL値があります。D値は音が壁を通過する際にどれだけ減少するかを数値化したものです。例えばD－50の壁であれば100dB(デシベル)の音を50dBに減少させます。これは電車が通過するガード下の音が静かな事務所内の音になるレベルです(図表5)。

一般的にRC造の壁はD－50、木造の壁はD－35程度です。したがって木造の家では、電車が通過するガード下の音がセミの鳴き声程度にしかなりません。うるさいままです。L値は上階の衝撃音が下階に届く大きさを示す数値です。この数値が大きければ大きいほど届く音も大きくなります。

一般的なRC造の床はL－55、木造の床はL－70程度です。L－55は上階の椅子の移動音がなんとなく聞こえるレベル、L－70はそれがかなりうるさく聞こえるレベルです。体験してみないとピンとこないかもしれませんが、その差は歴然です。

私たちのお客さまには、RC造の遮音性能に魅力を感じて家を建てた方がたくさんいます。

・3世代、十数人で楽しむためのカラオケルームをつくった80代男性
・ピアノ教室用の部屋をつくった30代女性
・ドラムの演奏スペースをつくった40代男性
・ギターとベースの録音スタジオをつくった40代夫婦

これらのなかでドラムの演奏スペースだけはドアを防音仕様にしましたが、そのほかは特に手を加えることなく標準仕様で実現しています。

また、住んでみて初めて遮音性の高さを知るお客さまもたくさんいて、「玄関を出るまで雨が降っていることに気づかなくて驚いたよ」といった声をもらっています。

地下室にも最適

私たちは地下室のオーダーを頻繁にいただいています。なぜなら、そもそもRC住宅は、地下室とまったく同じ構造なので考え方としては、地上に建てるものを地下に埋めるだけ、

要するにＲＣ造は構造自体が地下室に最適だからです。

さらに、広い土地が手に入りにくい東京23区内を中心に事業を展開しており、そこでは狭い土地を有効利用できる地下室のニーズが高いことも大きな要因です。

地下室が土地を有効利用できる理由を理解するには、先に用途地域を知る必要があります。用途地域とは、用途に応じて13種類に分けられた地域のことです。このような規制がないと、例えば一戸建てが立ち並ぶ閑静な住宅地にいきなり高層の商業ビルや大規模な工場が建つといったことが可能になってしまいます。そこで計画的な街づくりのために住居系（8地域）、商業系（2地域）、工業系（3地域）に分けているのです。

各用途地域には建ぺい率と容積率が設定されています。

建ぺい率とは、敷地面積に対する建築面積（建物を真上から見たときの面積）の割合のことです。

容積率とは、敷地面積に対する延べ床面積の割合です。

例えば１００㎡の敷地に建築面積50㎡の総２階（延べ床面積１００㎡）の住宅があれば、それは建ぺい率50％、容積率１００％となります。

図表6　建ぺい率40%　容積率80%の例（敷地100㎡の場合）

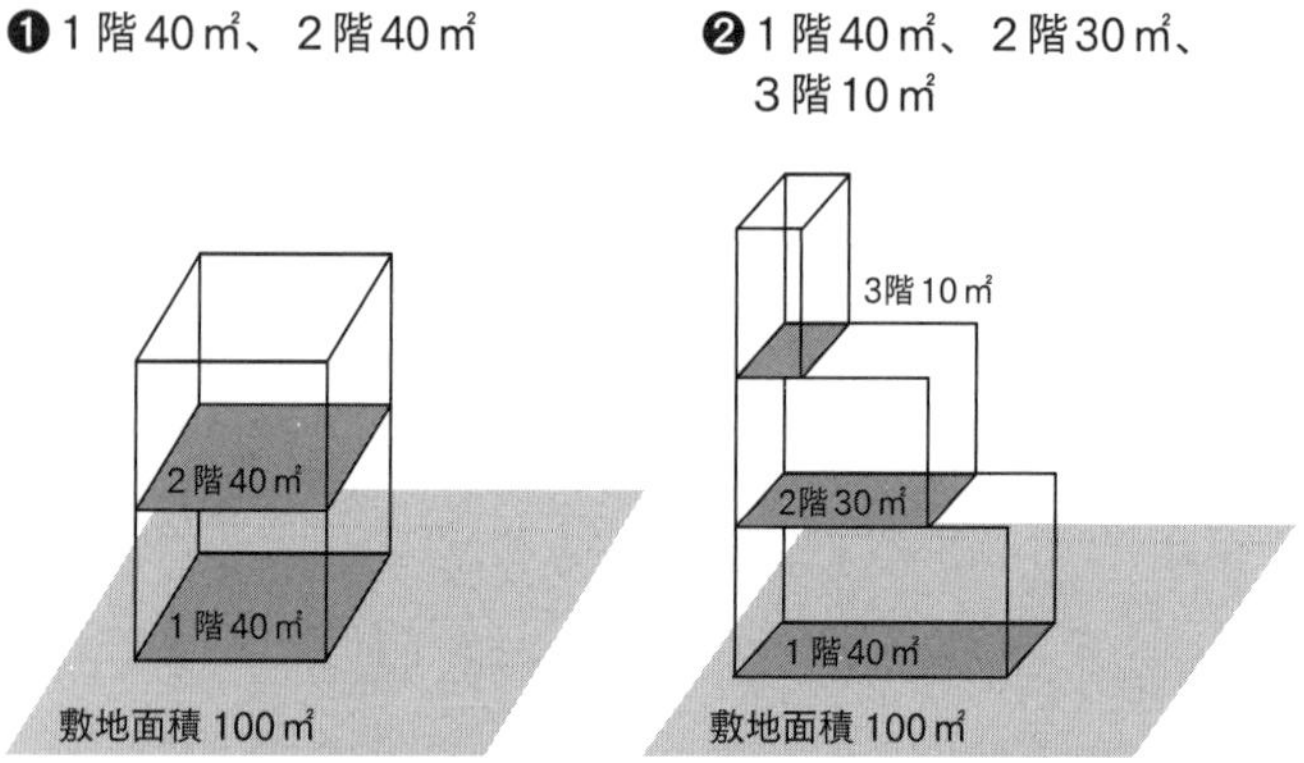

住宅系の用途地域では、高層ビルが建てられないように建ぺい率、容積率ともに低く設定されています。例えば建ぺい率50%、容積率１００％であれば基本的に2階建てまでしか認められません。

ところが地下室をつくった場合は、容積率を緩和することが可能になります。例えば敷地面積１００㎡で容積率80%の場合、通常なら延べ床面積は80㎡が上限となります。しかし地下室をつくれば建物全体の3分の1までは容積率に入れなくていいので、40㎡の地下室をプラスして延べ床面積１２０㎡の家を建てることができるのです。

この3分の1が狭小地では非常に大きいのです。例のように80㎡（約24坪）の一戸

図表7　**地下室をつくる場合の例（土地面積100㎡、容積率80%の場合）**

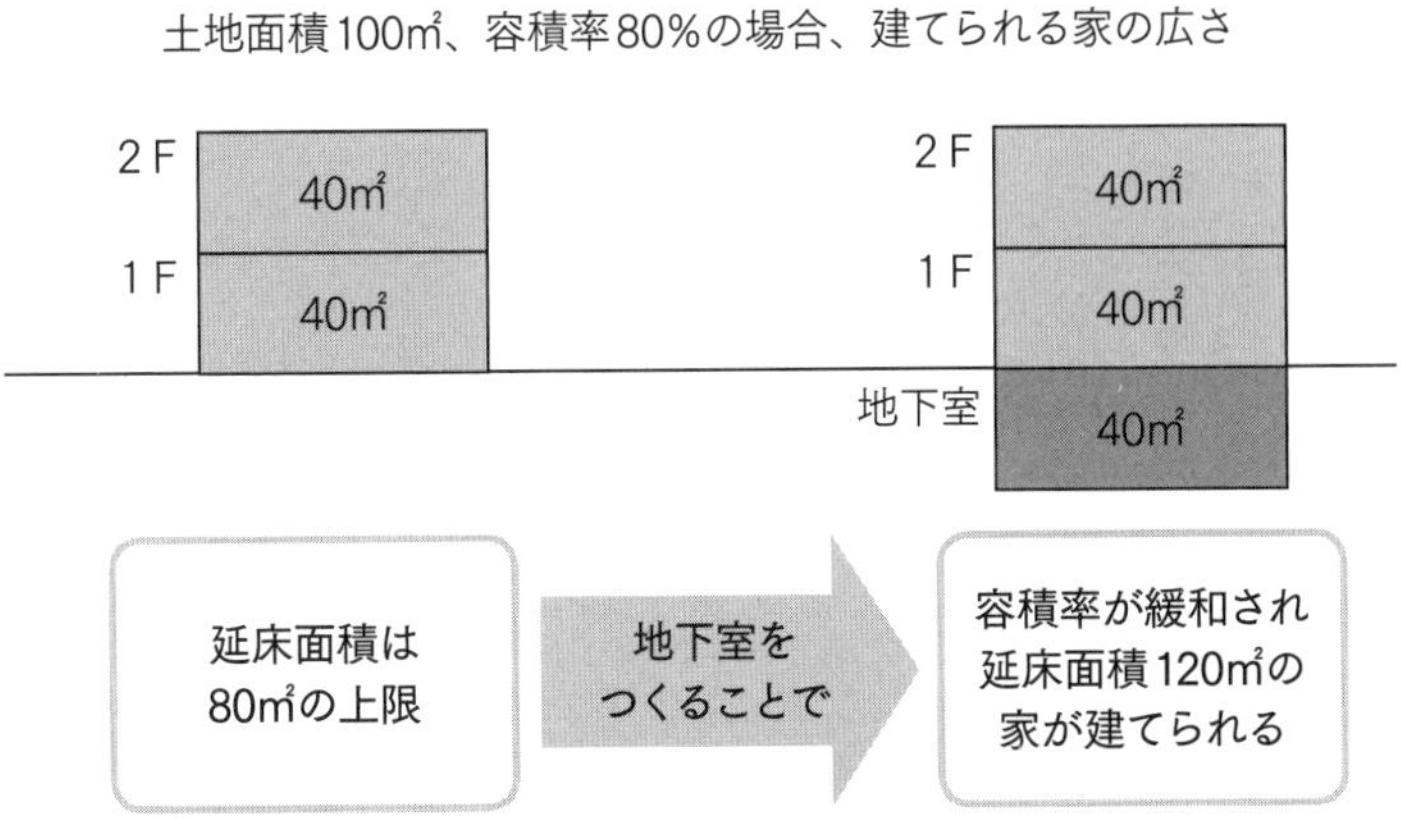
土地面積100㎡、容積率80%の場合、建てられる家の広さ
2F
40㎡
1F
40㎡
2F
40㎡
1F
40㎡
地下室
40㎡
延床面積は
80㎡の上限
地下室を
つくることで
容積率が緩和され
延床面積120㎡の
家が建てられる

建ての場合、4人家族では窮屈です。けれども120㎡（約36坪）もあれば十分快適に暮らせます。

容積率がネックとなる狭小地において、地下室の容積率緩和は最大のメリットとなります。そのほかにも地下室は、次のようなさまざまな魅力があります。

・防音性が高い
用途例：カラオケ室、ホームシアター、音楽スタジオ
・陽光を遮りやすい
用途例：暗室
・室温・湿度が一定
用途例：ワインセラー

・外からの視線を遮りやすい

用途例：寝室

ただし、地下室をつくるにはいくつか注意点があります。

まず気をつけたいのが排水です。雨水は当然ながら高いところから低いところ、つまり地下室へ流れていきます。最近はゲリラ豪雨が多発しているので、対策は万全にしなければなりません。場合によっては地下室に雨水が溜まってプールのようになってしまいます。

最も有効な対策は高台や傾斜地につくることです。このような立地ならスムーズに排水できるので安心です。特に傾斜地は不人気の傾向があり、土地代が割安になるのでお勧めです。

運良くそのような土地が見つからなければ、排水用のポンプを設置しなければなりません。

また、地下室は基本的に湿度が高くなるので、結露対策として適切な換気計画も必須です。

排水計画にしても換気計画にしても正しい知識がないと難しいといえます。それゆえ地下室をつくるなら、豊富な実績がある住宅会社を選ぶとよいです。

屋上リビングにも最適

以前から庭を確保しにくい都心住宅において、屋上のニーズは高いものがありました。そのニーズをさらに増幅させているのがコロナウイルス感染症です。この災禍によって都心のみならず、日本中が気軽に外へ出歩くことができなくなっていますが、屋上があれば家族だけで思い切り青空を満喫できます。

最近はリモートワークの普及によって自宅にいてもリラックスできない、という人が増えています。そこで屋上にゆったりと座れる椅子や、ランチなどを楽しむテーブルを置いてリビング化すれば、近所からの視線が気にならず、さらに明るく風通しもいいので息抜きの場としてはもってこいです。

そして休日になれば、家族全員でバーベキューや家庭菜園も楽しめます。子どもが駆け回っても誰にも迷惑がかかりません。晴れ渡る空の下、誰にも気兼ねなく思い切り飲むビールは最高です。

住宅に屋上をつくることは、行政も推進しています。屋上に芝生などを植えて緑化すると、ヒートアイランド現象の緩和や省エネ効果があるからです。東京都の調査では、夏場の緑化していない屋上の気温が55度だったのに対し、緑化している屋上は30度でした。また、その下の室内の温度も1～3度低くなるそうです。

そこで日本全国の自治体では屋上緑化に対して助成金制度を設けています。内容は自治体によってさまざまですが、例えば東京都世田谷区では植栽基盤（植物が正常に生育できるような状態になっている地盤）の厚さが15㎝未満の場合で1万5000円／㎡、15㎝以上の場合で2万円／㎡（上限50万円）を助成しています。

しかしながらＲＣ造以外の住宅は、屋上に適しているとはいえません。その理由はコストとメンテナンスにあります。

例えば、木造住宅に屋上を設置する場合、まず屋根を傾斜のない陸屋根にし、複数の人が歩いても問題がないように補強します。この際、助成金を受けられるほど厚い植栽基盤を設けるなら、さらに強固な補強が必要になります。

続いて防水処理を行います。処理の方法はＦＲＰ（繊維強化プラスチック）が主流です。そしてフェンス、床のタイル、水栓、コンセントなどの設備を整えます。これらのトータルコストは10坪前後で200～300万円程度です。したがって30坪の家なら坪単価が約

10万円上がることになります。

さらに防水に対する定期的なメンテナンスも必要で、ＦＲＰなら約10年ごとに１００万円近くかかります（足場代含む）。

これだけ高いコストなので、多くの人は屋上を諦めてしまいます。

また、住宅会社側も屋上の設置を嫌がる傾向があります。なぜなら雨漏りの可能性が格段に上がるからです。木造の場合、素材自体が荷重などによってたわむ特徴があるので、防水処理に不具合が出やすいのです。しかし、そのことを正直に話すと「木造＝弱い」というイメージをもたれてしまいます。ですから、多くの木質系住宅会社は屋上に対して「高コストのわりにそんなに使いませんよ」といったトークで避けようとします。

鉄骨造の場合は、木造ほどたわむ心配はありませんが、コスト的にはそれほど差はありません。

一方でＲＣ造の場合は、そもそも屋根が屋上と同じ形状の陸屋根で防水処理もされています。屋上として使用することにしても、床の仕上げを多少変えるだけで防水に関するコストはあまり変わりません。ですからコストアップは、手すりなどの設備代だけで数十万円といったところです。

また、メンテナンスも屋上として使用しない場合とほぼ同じで、約15年ごとに20〜30万円程度です。

気になるのは雨漏りですが、RC造は層間変形角に対して木造や鉄骨造の10倍厳しい数値が求められています。そのため、たわんだり、ずれたりすることはほとんどありません。また、床面の仕上げ剤（主にウレタン塗装）に亀裂などが入っても、下地のRC自体に防水性があるので雨漏りをする可能性は極めて低いのです。

このようなことからRC造は屋上リビングに最適だといえます。

シロアリ対策が不要

シロアリは口に入るモノなら基本的になんでも食べます。そのため、ほとんどの新築住宅では薬剤による防蟻処理を行います。これには鉄骨造も含まれます。構造材自体は食べられなくても、中に入られてしまえば床材や建具などをかじられる可能性があるからです。

使用される薬剤は、当然ながら国の認可を得て安全とされているものです。現在主流のネオニコチノイド系薬剤は、使用量が少なくて済み、効果も比較的長いとされています。

しかしながら絶対に人体へ影響がないとは誰にも言い切れません。毎年花粉症になる人とならない人がいるように、人の免疫力は千差万別です。１００万人が平気でも、自分だけはダメだったということもあり得るのです。

特に、免疫力が低い赤ちゃんや体調不良を起こしやすい妊婦の方は注意が必要です。場合によってはかぶれ、吐き気、めまいといった症状が出るかもしれません。

また、薬剤を散布した床下に近いところを歩くペットへの影響も考えられます。

やはり薬剤を使わないことに越したことはないのです。

実は、ＲＣ住宅に防蟻処理は不要です。その理由はシロアリが室内に入らないからです。もちろん、ＲＣ住宅でも室内にシロアリを入れてしまえば建具などを食べられてしまいます。しかし、地面に接している基礎と建物に隙間がない一体構造なので入りようがないのです。

ですから、私たちは20年以上、薬剤による防蟻処理は１棟も行ったことがありませんし、シロアリ被害は今までゼロです。

室内にブランコやクライミングウォールの設置も可能

数年前になりますが、引き渡し間際のお客さまから「子ども部屋にブランコを付けてほしい」という依頼を受けました。RC住宅の天井は分厚いコンクリートなので簡単に取り付けられると考えたのだと思います。

しかしながら、プロとしては取り付けるだけではなく、お客さまの安全を第一に考えなければなりません。

そこで引っ張り荷重や金物の強度などを計算すると、やはりなんの補強も必要なく、そのまま天井に吊るせることが分かりました。今でもそのブランコは現役で活躍しているそうです。

もし、木造や鉄骨造で同じオーダーがあった場合を考えてみます。これらの建物の天井や壁には石膏ボードを取り付けるケースが一般的です。これは石膏を主な材料とした厚さ1・2㎝ほどの板状建材で、比較的安価で壁紙も貼りやすくなることから広く用いられています。

厚さ1・2㎝の石膏は、画鋲でポスターを固定するくらいならなんの問題もありませんが、人がぶら下がって激しく揺れるブランコに耐えられるわけがありません。

もし、木造や鉄骨造でブランコを取り付けるなら、柱や梁の位置になるので場所が限定されてしまいます。設計段階から設置することが決まっていれば、そこに間柱を追加して対応することもできますが、コストアップは免れません。

どこでも好きなところに付けられるのは、RC造ならではの利点といえます。

また、クライミングウォールをつくってほしいという相談も受けたことがあります。これには壁に人が登るクライミングホールドを取り付ける必要がありますが、そもそもブランコを吊るせる強度があるのでまったく問題ありませんでした。

このほかにもRC住宅なら好きな場所にサンドバッグやハンモックなども吊るすことができます。ただし、やはり安全第一なので設置は施工会社に依頼するべきです。

実は天然素材の健康住宅

住宅の構造材や建具などの建築資材に使用される化学物質は、500種類前後といわれています。しかし、残念ながらどの化学物質が健康に被害を与えるのかは、あまり明確になっていません。

そこでシックハウス症候群対策にこだわる人は、可能な限り化学物質を使わず、天然素材の家を建てようとします。例えば柱は集成材ではなく無垢材にする、バルコニーや屋上の床はFRP（繊維強化プラスチック）製ではなくステンレス製にする、防蟻処理に薬剤を使用せずヒノキやヒバなど防蟻性能を有する構造材を用いる、といったことです。

しかしこれら天然素材の使用のほとんどは、大幅なコストアップにつながります。

ちなみに防蟻としてのヒノキやヒバの使用は、フラット35（長期固定金利の住宅ローン）の利用要件にもなっていますが、その効果は個人的には甚だ疑問です。

一方でRC造は素材自体がまさに天然素材です。コンクリートは石灰と砂利と砂に水を入れて混ぜたもの、鉄は鉄鉱石という岩石を溶かしてつくります。

コンクリートは強アルカリ性なので触ると肌荒れすることがありますが、固まってしまえばガラスのような成分に変化するので心配ありません。

また、防蟻に関しては侵入経路がないので特に対策を打つ必要がありません。したがって、RC住宅は、特別仕様にすることなく、そのままで天然素材の家といえるのです。

さらに木造や鉄骨造の外壁材として、最も普及しているサイディング材は、目地やひびの補修にコーキング材を使用しますが、RC造の場合は、補修も天然素材のコンクリートを用います。

シックハウス症候群対策は、建材選びだけでなく換気計画も重要になります。いくら建材に天然素材を多用していても、家具や日用品も含めて完全に化学物質に近づかない生活をすることは、ほぼ不可能だからです。したがって、それらから発する有害物質を効率的に外へ出す換気が不可欠なのです。

RC造の場合、気密性が高いのでより精度の高い換気計画が可能になります。

このようなシックハウス症候群への強さは、大きな病院のほとんどがRC造であることからも証明できます。

どのようなデザインでも対応可能

RC住宅と聞くと、マンションや公団住宅のようにシンプルな四角い箱をイメージする人が多いようです。しかしながらこれはRC造だから四角いのではなく、限られた敷地により多くの住戸を詰め込みたい事業者側の都合で、結果的に四角い建物になってしまうのです。

注文住宅の魅力の一つに、建築主の好みのデザインにできる、ということが挙げられます。つまり、効率性ばかりを追求する必要はまったくないのです。

この点でもRC造は最適といえます。もとよりコンクリートは固まるまで流動性のある素材なので、型枠さえあればどのような形状にもなります。

また、形状だけでなくサイズに対しても制限はありません。私たちは基本的に日本古来の尺貫法（約30㎝単位）で設計しますが、「この部分の収納は奥行きがもう少しほしい」といったときは㎜単位で変更が可能です。

実際に今まで次のようなオーダーに応えてきました。

・自宅で天体観測をするためのドーム型屋根
・和風モダンテイストの切妻屋根
・R形状のバルコニーの壁
・凸凹と波状の屋根

・敷地の形状に合わせた、上から見ると台形の外壁

このようにRC住宅なら建築主のイメージどおりに円形でも、ギザギザでも、自由自在にデザインすることができます。

大家族でも狭小地に住める

2011年の東日本大震災以降、「絆」という言葉が見直され、世帯主の親と子どもの3世代で暮らす家へのニーズが高まっています。

例えば世帯主夫婦に親世帯2人と子ども2人の合計6人家族の場合、一般的な一戸建て住宅の間取りである4LDKでは手狭になるはずです。できれば親世帯の2LDKも足して二世帯住宅を考える場合もあります。

しかしながら特に都心部では、2世帯住宅に適した広い土地の取得は希少性という意味でも経済的な意味でも非常に困難です。

ならば狭小地に高層階の2世帯住宅を、という手もありますが、実は木造や軽量鉄骨造

で4階建て以上の建物を建築するのは現実的ではありません。都心部に多い準防火地域では、4階建て以上は建築基準法によって耐火構造にしなければならないからです。

木造や軽量鉄骨造でも耐火構造にすることは可能です。しかし実際には、柱を耐火性能の高い石膏ボードで囲むなど特別な仕様にしなければならないので、手間やコストの面から建てられることはあまりありません。なかでも木造は、ほぼないといっていい状況です。

一方で壁式RC造は、準防火地域でもそのままの仕様で5階建てまで建築可能です。5階建てなら狭小地での2世帯住宅の間取りも容易に収めることができます。例えば1階は駐車場と世帯主夫婦の寝室、2階が世帯主世帯のリビング、3階が子どもたちの寝室、4階が親世帯のリビング、5階が親世帯の寝室、そして屋上といった具合です。5階建ての屋上は、より周囲からの視線が気にならないので3世代で思い切り楽しむことができます。足腰が弱くなった親世帯が高層階に住むことになっても、ホームエレベーターを設置すればなんの問題もありません。

実際に私たちの会社では、敷地面積12坪程度の2世帯住宅を何度も建てたことがあります。これくらいの敷地面積で建てることは23区内では珍しくありません。

しかも決して我慢を強いる間取りではなく、十分に広々暮らせます。例えば防火地域で耐火構造の家を建てる場合、建ぺい率が10％緩和されます。80％の地域でも90％になるのです。12坪の90％は約11坪（約22畳）になります。もし、ワンフロアすべてをLDK（リビング・ダイニング・キッチン）にすれば22畳の大空間が実現できます。これだけの広さがあれば不満はないはずです。

では、同じく容易に4階建て以上も建てられる重量鉄骨造の場合を考えてみます。重量鉄骨造はRC造に対して次のようなデメリットが考えられます。

①高層階になるほど求められる層間変形角などの都合で地震の揺れを大きく感じる
②上下階の音の伝わりが大きい
③室内に柱の出っ張りができる
④太い鉄骨を敷地内に運び込まなければならないので前面道路の幅によってはクレーン車が入らず建築不可、または多額の追加費用がかかる

特に狭い道路が多い都内においては④がたびたび問題となっています。
一方で現場打ちのRC住宅の建築ならクレーン車は不要です。その代わりコンクリート

を混ぜるミキサー車と敷地内に運ぶポンプ車が必要になりますが、両方ともクレーン車よりは小型です。しかもポンプ車のホースは10ｍほどあるので、前面道路が狭くても近くまで行くことができれば建築は可能になります。

また、狭小地では隣の建物と接近し過ぎて建築に必要な足場が組めない、という問題もしばしば聞きます。しかし、現場打ちのＲＣ造なら足場不要で建てることも可能です。そのため、物理的には隣の建物からの隙間が１㎝程度でも家を建てることができます。

奥さまも満足できる数々の特長

今までの私の経験では、ＲＣ住宅は夫婦の間でも旦那様のほうが先に気に入るケースが多いです。数字で耐震性や断熱性などのスペックの高さがはっきり分かるからだと思います。

一方で奥さまは、ＲＣ住宅に対して最初は「冷たい雰囲気」というマイナスのイメージをもつことが多いです。どちらかといえば「南欧風」「ロートアイアン（手工芸鍛造）」といった優しい華やかな感じを好む方が多いからかもしれません。

しかしながら最終的には、奥さまも十分に納得して契約していただくケースがほとんどです。

やさしい華やかな内外装も可能

RC住宅の外観は、角ばったシャープな線だけでなく滑らかな曲線を描くこともできます。また、内装の演出も木造や鉄骨造と同じようにすることが可能です。要するに奥さまの好みに合わせていかようにもすることができるのです。

家事がラクになる

最近は夫婦共働きが一般的になっています。にもかかわらず、残念ながら未だに家事はどちらかというと奥さま任せという家庭が多いようです。

そこで奥さまたちが困っているのが洗濯や掃除をいつやるか、です。仕事から帰ってやるにしても、出勤前にやるにしても洗濯機や掃除機の音がうるさいので近所迷惑になってしまいます。

その点、RC住宅なら遮音性能が高いので、それらの稼働音が漏れる心配がありません。好きなときに好きなだけ洗濯や掃除ができます。

さらに特に都心部の狭小住宅の場合、日当たりや外からの視線の関係で洗濯物を干す場所に困ることが多々あります。しかし、RC住宅の屋上に干せば遮るモノがなく日当たりがいいうえに風通しも良く、近所や道路からの視線も気になりません。

また、RC住宅の遮音性の高さは、子育てにも有効に活用できます。コロナ禍で子どもたちは、走り回ったり大声を出したりできる場所があまりなくストレスが溜まっているようです。頑丈で遮音性が高いRC住宅なら室内にブランコなどの遊具の設置が容易で、子どもが走り回ったり大声を出しても近所迷惑になりにくいため、見守る親御さんたちも安心です。

ストレスが発散しやすい

最近はコロナ禍によってリモートワークが普及したり、ママ友たちとの集まりがないといったことで、家の中にいる時間が非常に長くなったという奥さまが増えています。

また、以前はスポーツジムに通っていたけれど、今は行きたくても行けないという人も多いと思います。このようなストレスが溜まりがちな奥さまでも、RC住宅ならリモートワークの合間に屋上で家庭菜園を楽しんだり、家の中で思い切りパーソナルトレーナーとオンライントレーニングをしたりといったリラックス方法の実現が可能です。

「価格が高い」
「結露しやすい」は勘違い！
ＲＣ住宅の新常識

Part

5

一般的なRC住宅の認識は誤解だらけ

耐震性や耐火性が高く、さらに津波にも流されにくく、一般的に手に入る住宅としてRC住宅ほど安心・安全な建物はありません。

しかも快適に暮らせる健康住宅でもあるので、ほぼ完璧といえます。

しかしながら、RC住宅は普及しているとはとてもいえない状況です。おそらく「近所にRC住宅はありますか？」と聞かれたら、「多分ないはずです」と答える人がほとんどではないかと思います。

では、完璧に近いのになぜメジャーになっていないのか。私はその最大の理由は価格だと見ています。だからといって多くの人は、具体的な価格を知っているわけではなく「RC住宅」→「なんだかごつくて大きい」→「お金持ちが住む家」→「高くて手が出ない」と考えているようです。

確かにRC住宅の平均価格は、最も普及している木造住宅よりも高額です。だからといって一般の人が絶対に手が出せないほどの価格ではありません。むしろ長い目で見ればコストパフォーマンスは格段にいいといえます。

そのほかにも一般的なＲＣ住宅の認識は誤解されていることが多くあります。

誤解①「ＲＣ住宅最大のデメリットは価格」

「ＲＣ住宅は高い」。それは間違いありません。国土交通省の建築着工統計調査（２０１７年）によると、全国の一戸建て住宅の平均坪単価は約62万円（約43坪）。これに対して私たちの会社の平均坪単価は約１００万円です。40坪の家なら約１６００万円の差となります。

しかし、安心・安全を考えた場合、この１６００万円を割高と感じるかどうかは、それぞれの経済状態や価値観によってさまざまだと思います。

しかしこのイニシャルコストの差は、その後のランニングコストによって確実に取り返すどころか大きくプラスに転じさせることができます。

国土交通省の資料などによると日本の木造住宅の平均寿命は27年です。一方で私たちが建てるＲＣ住宅は約１６０年になります。そこで仮に木造住宅の寿命が30年、ＲＣ住宅の寿命が１００年として１００年間のトータルコストを比較してみます（各単価は２０２１

年4月現在のものであり今後変動する可能性があります)。

親から子へ、子から孫へと代々家を引き継ぐ欧米と違い、日本は世代ごとに家を買うのが当たり前になっています。その結果が寿命27年の木造住宅です。

また木造住宅の場合、10年ごとの外壁・屋根塗装が一般的ですし、防蟻処理は5年ごとに行う必要があります。

一方で耐久性の高いRC住宅は、外壁・屋上塗装は15年ごとで済みますし、防蟻処理は不要です。そして100年間、つまり孫の代まで家を引き継ぐことができます。

とはいえ今までのRC建築物の多くは、100年も経たずに取り壊されてきました。これは建物自体の劣化ではなく、RCの中に埋められた電気・ガス・水道といったインフラ設備の配管が寿命を迎えたので仕方なく解体したというケースがほとんどです。

しかしながら現在のRC建築物は、建物を壊さなくても交換が可能になっています。要するに「RC自体の寿命=建物の寿命」になっているのです。ですからプラスの5950万円(図表8より、トータルコスト10850万円－4900万円)は決して机

図表8　木造住宅とRC住宅のトータルコスト

木造住宅

1年目	建築費：2400万円
5年目	防蟻処理：20万円
10年目	外壁塗装：100万円　屋根塗装：30万円 防蟻処理：20万円
15年目	防蟻処理：20万円
20年目	外壁塗装：100万円　屋根塗装：30万円 防蟻処理：20万円
25年目	防蟻処理：20万円
30年目	建て替え建築費：2400万円
35年目	防蟻処理：20万円
40年目	外壁塗装：100万円　屋根塗装：30万円 防蟻処理：20万円
45年目	防蟻処理：20万円
50年目	外壁塗装：100万円　屋根塗装：30万円 防蟻処理：20万円
55年目	防蟻処理：20万円
60年目	建て替え建築費：2400万円
65年目	防蟻処理：20万円
70年目	外壁塗装：100万円　屋根塗装：30万円 防蟻処理：20万円
75年目	防蟻処理：20万円
80年目	外壁塗装：100万円　屋根塗装：30万円 防蟻処理：20万円
85年目	防蟻処理：20万円
90年目 95年目	建て替え建築費：2400万円 防蟻処理：20万円
100年目	外壁塗装：100万円　屋根塗装：30万円 防蟻処理：20万円
トータルコスト：10,850万円	

RC住宅

1年目	建築費：4000万円
15年目	外壁塗装：120万円　屋上塗装：30万円
30年目	外壁塗装：120万円　屋上塗装：30万円
45年目	外壁塗装：120万円　屋上塗装：30万円
60年目	外壁塗装：120万円　屋上塗装：30万円
75年目	外壁塗装：120万円　屋上塗装：30万円
90年目	外壁塗装：120万円　屋上塗装：30万円
トータルコスト：4,900万円	

※木造住宅は坪単価60万円・延べ床面積40坪を基準としています。
※RC住宅は坪単価100万円・延べ床面積40坪を基準としています。

上の空論ではありません。

それどころか火災保険料や100年後の売却益まで加味すれば、さらにプラス額が上乗せされます。

築100年住宅に値段が付くはずない、と思うかもしれません。ところが欧米では築年数にかかわらず価値のある物件には値段が付くのが当たり前ですし、最近の日本政府もそのような中古住宅市場になるように動いています。

また、一般的に築25年で査定価格ゼロになる木造住宅に対し、RC住宅は非常に希少価値が高いので常に探している人が多く、現在でも築30年、40年の物件に値段が付くことは珍しくありません。

このようなことからRC住宅のコストパフォーマンスは、長い目で見れば木造よりも格段に高いといえます。

誤解②「結露しやすい」

建築を勉強した人と話をすると「RC造は結露しやすい」と言います。これはある意味では事実です。

その主な理由は二つです。一つ目はコンクリートは熱伝導率が高いからです。結露は暖かい空気が冷たい物体に接することで生じます。身近な例としては、夏に冷たい水が入ったコップを置いておくとすぐ表面に水滴が付きます。それが結露です。コンクリートも夏の暑さを涼しい室内に、冬の寒さを暖かい室内に伝えやすいので結露が生じやすいのです。

二つ目はコンクリートの中にある水分が完全に抜けるのに2〜3年かかるからです。

確かにこの2点は長年RC造の課題とされてきました。しかしどちらも現在は解決済みです。

まず熱伝導率に関して説明します。従来は、使い捨てのベニア板を型枠としてコンクリートを流し込み、この型枠を外してから室内側に空間をつくる木材を設置し、その空間に断熱材を詰め込んでいました。これは手作業なのでどうしても断熱材に隙間ができ、結露が発生しがちだったのです。また、結露の発生場所に湿気に弱い木材を使用していることも問題でした。

そこで私は使い捨てではなく、そのまま室内の下地材として使用できる断熱材付きの型枠を探しました。すると運良く特注で製作してくれるメーカーと出会うことができました。

この下地材には工場で隙間なく板状の断熱材が取り付けられているので、結露が生じる空間がなく木材を用いる必要もありません。

そしてコンクリートの水分は、室内側に断熱材が貼り付けられているので、すべて外側に向かって蒸発します。

また結露に関しては、湿気を外へ出す換気計画も非常に重要になります。その点では、RC造は気密性が高いので有利です。

ちなみに「熱伝導率が高い＝断熱性能が低い」ということになりますが、それも隙間のない断熱材で解決しています。そのことはUA値が0・52という数値で証明されています。

誤解③「軟弱地盤には建てられない」

RC住宅の重量は、木造の数倍あります。それゆえ、埋め立て地などの軟弱地盤では不同沈下（建物が不ぞろいに沈下を起こす現象）する可能性があるので建てられない、と思っている人がいます。住宅会社の営業担当者でもこのようなことを言うケースがあります。

しかし、それは間違いです。基本的にどんなところでも陸地であればRC住宅は建築可能です。それは大規模な埋め立て地である千葉県の幕張などに高層ビルが立ち並んでいることからも明白です。

ただし、地盤が弱ければ弱いほど地盤改良の費用がかかります。主な地盤改良工法は次の3つです。

・表層改良工法

強固な地盤（支持層）までだいたい2m以下の場合に採用します。住宅を建てる下の地盤に砂利やセメントを混ぜて固くする工法です。費用は延べ床面積40坪（以下同）で100万円前後です。

・柱状改良工法

支持層までだいたい6m以下の場合に採用します。地面にドリルで穴を開け、地中に土と混ぜたセメントで建物を支える柱をつくる工法です。費用は300万円前後です。

・鋼管杭工法

支持層までだいたい6m以上の場合に採用します。敷地の表層から支持層まで鉄やRCの杭を打ち込み、それによって建物を支える工法です。費用は数百万円以上する場合があります。

どの工法を選択するべきかは、事前の地盤調査によって判断します。

ちなみに地盤調査と、その結果に基づく地盤改良は木造住宅でも同様に行います。けれども木造の場合の地盤調査の方法は、ほとんどがスウェーデン式サウンディング試験というものです。これはロッド（鉄の棒）を地面に埋め込み、5kg、15kg、25kgと順番に100kgまで負荷をかけ、最終的にロッドに付いたハンドルを回してどこまで入るかを測定します。

調査が容易で安価なことから最も普及している方法ですが、調査結果が試験者次第で変化しやすいので正確性に欠けるというデメリットがあります。

そこでほとんどのRC建築物は、ボーリング調査を採用しています。これは地面に穴を開けて一定の深さごとに土を採取し、各地層の強度を調べるものです。

こちらの調査方法のほうがスウェーデン式サウンディング試験よりも地盤の様子が正確に分かるので、「しっかり地盤補強したはずなのに家が傾いた」といった事態を避けられる可能性が格段に上がります。

ここで気になるのはやはり「自分の土地は地盤補強が必要か否か」「必要ならいくらくらいかかるか」になります。

正確な費用を知るには、土地を購入したあとに調査をするしかありません。しかし、それでは予算組ができなくなってしまいます。

そこで、各市区町村が保有しているボーリング調査データを利用するという手がありま す。調査をしたい土地がある市区町村の役所に行けば、周辺で行った過去のボーリング調査の結果を確認することができます。その結果を基に建築を依頼する予定の住宅会社へ相談すれば、「自分の土地は地盤補強が必要か否か」「必要ならいくらくらいかかるか」がだいたい分かるはずです。

誤解④「リフォームがしにくい」

RC住宅の中でも特に壁式工法の場合は、強固なRCの壁に囲まれているのでリフォームがしにくいと思われることがあります。

確かに壁式RC工法の家は、木造や鉄骨の軸組工法と違って壁を壊すのは容易ではありません。しかし、家の中には耐力壁がほとんどないので逆に間取り変更などのリフォームはしやすいといえます。

このように耐久性が高い構造体（スケルトン）と柔軟に変更できる内装（インフィル）

を併せ持ったつくりを「スケルトン・インフィル」といいます。

一般的な軸組工法は、木造、鉄骨問わず外壁だけでなく屋内にも地震や台風の力に抵抗するための耐力壁を設けます。この壁は基本的に撤去することができません。

それゆえ、一般的な木造軸組工法であればワンフロア（正方形）の広さは、無垢材使用で8帖程度、集成材使用でも12畳程度が限界です。もし、それ以上の広さが欲しければどこかに壁や柱が入るはずです。

一方で壁式RC工法の場合は、外壁全体が耐力壁となるため軸組工法ほど屋内の耐力壁を必要としません。そのため2倍以上の約30帖の大空間が可能です。

これだけの空間があれば、ほとんどの人が満足できる間取りをつくることができます。空間を分ける間仕切壁の構造は木造もRCも同じです。間柱を立てて石膏ボードを貼っていきます。この壁は設置も撤去も容易なので、子ども部屋をつくりたくなったら3LDKを4LDKにしたり、逆に子どもが独立したら戻すこともできます。

最近は築40年・50年といった古いマンションで、このような大掛かりなリフォーム（リノベーション）が流行っていますが、それが可能なのはRC造ならではのスケルトン・インフィル構造だからです。

誤解⑤「解体費用が高い」

「頑丈＝解体費用が高いのでは？」と聞かれることがあります。それは正解です。都内の場合、木造の解体費用の相場は坪あたり4〜5万円、ＲＣ造は8〜10万円です（２０２１年4月現在）。

約2倍、延べ床面積40坪なら約２００万円の差があります。しかも木造住宅の解体は３日程度で完了しますが、ＲＣ住宅は３週間前後かかります。

しかしここでよく考えていただきたいのは、ＲＣ造は頑丈であるゆえに解体費用もその日数もかかるということです。

寿命27年、そして３日で解体できる建物に住んで安心・安全とはいえません。

そもそも解体費用が気になるのは、「寿命が27年＝自分で支払う可能性が高いから」だと思います。ＲＣ造の家を建てる人は気にする必要はありません。

それでも気になるということであれば、１００年間のトータルコストを思い出してください。ＲＣ造と木造の差額は５９５０万円ですから、解体費用２００万円を差し引いても

5000万円以上安価ということになります。

誤解⑥「コンクリート打ちっぱなしの冷たい印象の内外装にしかできない」

RC住宅と聞くと、モダンでおしゃれなイメージをもつ人が多い一方で、無機質で冷たいという印象をもつ人もいます。おそらくグレー一色のコンクリート打ちっぱなしの内外装を想像するからです。しかし、RC住宅の内外装デザインは他の工法以上に自由自在に演出することが可能です。

まず外装に関しては、外壁材自体が多種多様なデザインを実現できる理想的なキャンバスといえます。なぜならRCの表面が滑らかで強度もあるからです。

好みの色や刷毛目の塗料やモルタルなども塗れるので、南欧風や和風モダンなど特徴的な外観にも容易にできます。

また、さまざまなサイズおよびデザインのタイルや天然石も貼れます。特に天然石を好きな場所に貼れるのは大きな利点になるはずです。天然石は重量があるので木造などでは壁面の強度の関係から貼れない、または地震や強風の影響が小さい1階部分だけ、といったケースが多いからです。

過去には外壁の保護と断熱性向上のため、サイディング材を貼ったこともありました。また、防火地域など規制がある場合はできませんが、天然の木材を貼ってログハウス風にすることも可能です。ここまで外観を変えてしまえば、建築のプロでない限りＲＣ住宅とは分からないはずです。「ＲＣ住宅の性能は気に入ったけれど、デザインがどうしても……」という人は検討してみてもいいかもしれません。

そして内装についてもスケルトン・インフィル構造なので、基本的になんでもできます。壁には珪藻土《けいそうど》や漆喰を塗ることもできますし、ロートアイアンの手すりを用いた階段なども可能です。

内装デザインも外装と同様に和洋を問いません。床の間、欄間、鴨居を設け、炉も切った本格的な茶室をつくったこともあります。このような特別な知識を要する工事は、専門の職人が行うので「なんだかちぐはぐ」といったことは決してありません。

また、過去にはレトロガラスの建具を再利用した大正ロマン風リビングや、線路の枕木や昭和の足場の板などの古材を再利用したビンテージ風（アーリーアメリカン）のリビングを製作したこともあります。

大正ロマン風リビングの家は、建築主が世界中を旅するのが趣味のご夫婦で、空間ごとにテーマが異なる住宅でした。具体的には玄関ホールはイタリアのルネサンス様式、寝室はフランスのロココ様式、リビングは日本の大正ロマン様式といった具合です。玄関ホールの床に用いたイタリア製のタイルは、輸入するのに1カ月もかかってしまいました。

このようにRC住宅の内外装デザインは、お客さまの細かいご希望に柔軟に対応することができます。

一生に一度の家づくりで
失敗しない
ＲＣ住宅を建てる
業者の選び方

Part

6

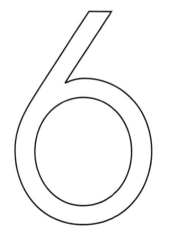

実はRC住宅を建てられる業者は少ない

ここまで読んでもらえたらRC住宅の良さはほとんど理解できたかと思います。そこでいざRC住宅を建てようとすると、多くの人は業者選びに悩んでしまうはずです。なぜならRC住宅の建築を得意とする業者は非常に少なく、一般の人にはその見分け方が分からないからです。

RC住宅を建てられる業者を大きく分けると「ハウスメーカー」「建築事務所」「工務店」の3つになります。

ハウスメーカーのメリット・デメリット

【メリット】

・構造材をはじめ各部材が工場生産なので精度が高く、工期も比較的短い
・アフターサポート体制がしっかりしている

・保証期間が長い会社が多い

【デメリット】

・RC住宅に関してはプレキャスト工法を採用している会社しかない
・プレキャストゆえに敷地対応力が低い
・建築費に多額の広告費や人件費、モデルハウス維持費等が乗っているのでコストパフォーマンスが良いとはいえない

実はハウスメーカーに明確な定義はありません。ここではオリジナルの部材を開発し、全国展開をしている住宅会社とします。

ハウスメーカーの最も大きなネックは、RC住宅に関してプレキャスト工法を採用する会社しかないということです。したがって現場打ちRC住宅を推奨する本書としては、選択肢に入らないことになります。

設計事務所のメリット・デメリット

【メリット】

・知識とセンスのあるところに出会えれば期待以上の家になる
・設計業務のなかに工事監理も含まれるのでより高い施工品質を期待できる

【デメリット】

・コスト意識が低い事務所が多いので予算オーバーしがちである
・「自分の作品」という考えをもつ建築家が多く、建築主の住み心地が二の次になるケースもある
・実力の差が激しく、センスの相性が合う事務所に出会うのも難しい

設計事務所とは、一級または二級建築士が住宅などの設計などを行う組織です。施工は事務所から紹介された工務店などが請け負います。

設計料の相場は、建築費の5～10％前後。これには工事中にきちんと設計図どおりにできているかチェックする工事監理の費用も含まれます。

設計事務所に依頼する最大のメリットは、芸術作品のようにすてきな建物に仕上げてくれる可能性が高いことが挙げられます。ただし、そのような住宅を手掛ける建築家は、作品に対するこだわりが強く、生活動線などの使い勝手がないがしろにされがちです。

また、部材などの仕入れは施工する工務店が行うので、設計する建築士は日々変化するそれらの相場を細かく把握しておらず、予算オーバーするケースが多々あります。

工務店のメリット・デメリット

【メリット】

・設計部門と工事部門の両方があるのでコスト意識が高い
・工事部門があるので小回りが利く
・地域密着型なので社長の人柄が分かりやすく、きめ細かいアフターフォローを期待できる

【デメリット】

・人材教育体制が未整備のところが多いので社員のレベルに差がある
・保証が国が定める最低期間の10年という会社が多い
・モデルハウスがないので実際に建てた家を確認できないケースが多い

工務店にも建築士が在籍しているケースが多々あります。設計事務所との大きな違いは、工事部門があり工事管理を行う社員（現場監督）がいることです。現場監督による工事管理は必ずしなければならないことが法律上決められています。

設計事務所の工事監理とこの工事管理の違いは、前者が設計図どおりに工事が進んでいるのかをチェックするのに対し、後者はそれにプラスして職人の手配や工程、安全、施工品質のチェックなども行います。

部材の仕入れ業務も行う工務店は、コスト意識が高いので顧客の要望を予算内に収めることに慣れているケースが多いと思います。主なネックとしては、ハウスメーカーと違って人材教育の制度が確立されていない場合が多いので社員の能力の差が激しいことです。この点はじっくりと話して見極めるしかありません。

理想のRC住宅を建てる業者の見極め方

ハウスメーカーはプレキャスト工法しか選べない、設計事務所系は予算オーバーや快適性をないがしろにされる可能性が高い、結局、現場打ちのRC住宅を建てるなら、それを得意とする工務店に依頼するのが得策ということになります。

しかしながら現場打ちのRC住宅を得意とする工務店は、かなり少数派です。RC住宅が多い東京23区をメインの営業エリアとする私たちの会社でも、競合する工務店は数えるほどです。

とはいえ、皆さんの近所の工務店でも「RC住宅でも建てられますよ」と言うかもしれません。確かにそう言うなら建てることはできます。けれども「建てられる」と「得意」は違います。RC住宅の建築には特殊な断熱と換気のノウハウが必要になります。「建てられる」だけの業者が建てれば、そのノウハウがないので不快な家になるはずです。

では、現場打ちRC住宅を得意とする業者を見極めるにはどうすればいいでしょうか。私は最低限、次の3つの要件をクリアした業者だと思います。

①職人が社員である

ここでいう職人とは、コンクリート打ち込み用の型枠をつくり込む型枠大工を指します。

この職人が社員として在籍している会社であれば、「こうやれば時間やコストが省ける」といったノウハウを蓄積しているので、よりリーズナブルで完成度の高い家が期待できます。

職人にノウハウがあるか否かを判断するには、直接会って「夏にコンクリートが固くなって型枠に入らなくなったらどうしますか?」と聞いてみてください。「水を入れて柔らかくする」と答える職人もいるようです。

しかしそれは間違いです。それは決して行ってはいけない行為で、そんなことをしてしまうと固まったときに内部に空洞ができて強度が低くなってしまいます。

正解は「コンクリートをオーダーする際に夏用の配合水分量を指示しているのでそんなことはあり得ない」、または「事前の打設計画で適切な人員配置や打設順序を検討し、バイブレーター等を使ってうまく入れるよう努めますので大丈夫」です。

②一級建築士または一級建築施工管理技士が社員として在籍している

4階建て以上のRC住宅は一級建築士でなければ設計できません。この資格者が在籍している会社なら、RC住宅の設計に慣れている可能性が高いといえます。

一級建築施工管理技士とは現場監督の資格です。この資格がなくても現場監督にはなれますが、資格者が管理をすればより安心できるはずです。

③創業してからの年数が比較的長い

これは「RC住宅が得意」とは違う話になりますが、100年間家を維持することを前提とするなら、できるだけ倒産の可能性が低い会社を選びたいものです。

最も簡単に判断する方法は、業者が創業してからの年数です。「何年以上なら安心」とはいえませんが、3年の業者より30年の業者のほうが倒産する可能性は低いですし、RC住宅に対するノウハウも豊富なはずです。

複数の業者で迷ったら、創業してからの年数で決断するのも間違いではないと思います。

住宅会社と上手に付き合う方法

「このお客さまは私たち業者を『敵』と思っているのだろうか？」。本当に稀ですが、そう感じて悲しい気持ちになることがあります。

このようなお客さまに共通する心理は「失敗したくない」「騙されたくない」のようです。注文住宅を検討する際、多くの人が初めてです。ですからその気持ちは十分に理解できます。

けれども、その気持ちが強過ぎる人は、ネットなどで情報を集めて自己流で勉強をし始めます。そしてその知識を基に契約後も「そんなはずはない。こうしてほしい」「この部分はもっと安くなるはずだ」と、私たちのアドバイスをあまり聞かずに無理な要求を押し通そうとします。

そこまでしたのなら大満足の家が完成しそうですが、さにあらず。引き渡し後も「こうすれば良かった」「ここはこれで良かったのだろうか」と不満、不安が続くのです。

私はこのようなお客さまを見るたびに「そんなふうに家を建てて幸せですか？」と問い

たくなります。お客さまと私たち住宅会社はｗｉｎ－ｗｉｎの関係です。お客さまが満足して快適、健康的に暮らせる家を建てることをモチベーションとして日々業務に集中しています。そもそも、そのような家を建てなければ、引き渡し後にクレームに振り回されて仕事を続けることができなくなってしまいます。したがって、お客さまと私たち住宅会社は運命共同体なのです。

ですから、私たちのアドバイスは決してお金儲けのためではありません。あくまでお客さまの幸せのためです。

めったにないことですが、そのことを理解していただくことができず、常に疑われているような関係になってしまうことがあります。お客さまと業者がこのような関係で、良い家が建つはずがありません。ですから皆さんが住宅会社と契約する際は、１００％その業者を信じてからにしてほしいと思います。

では、どのような住宅会社なら１００％信じられるのでしょうか。私は「お客さまの声を聞く耳を持っていること」と「建物に対する知識が十分であること」の２つが必須だと考えます。

この２つを確認するには、事前に家に対する希望を書き出しておき、それに沿って質問すればいいと思います。

お客さまの声を聞く耳を持っている住宅会社なら、プロからすれば明らかにあり得ない希望でも決して「できません」とは言い切らないはずです。まず無理な理由を丁寧に説明し、そのうえで「これならできます」と代替案を提示されたら、ほとんどの人が信頼できると感じると思います。

さらに専門知識に関しては、RC住宅ならば前述の「夏場のコンクリートの配合水分量」や「コンクリートが固まってしまった場合の対処法」と聞いてみて、これくらいのことが即答できなければ不合格です。

建設工事請負契約は、これらの事前チェックを行って「100%信頼できる」と判断してから締結するべきです。そうすればたとえ工事期間中に不満や不安な点が出てきても腹を割って話し合うことができるはずです。

私たち業者側も、疑いながら相談されているのか、信頼されて相談されているのか、感覚で分かるものです。

住宅会社と上手に付き合う方法は、まず100%信頼できると判断してから契約をすること、さらに契約後は本音で相談することだと思います。

ＲＣ住宅を孫の代まで残す！
100年住める家づくりで
豊かな暮らしを実現する

Part

7

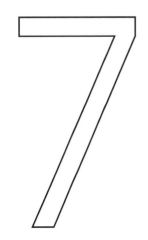

安心・安全な住宅に住めば避難所生活が不要に

2021年4月より住宅の省エネ性能に関して建築士から建築主への説明が義務化されました。住宅の省エネ化の必要性や効果といった情報を提供し、これから建てる家がどれくらいの省エネ性能があるのか、断熱性能などが国の省エネ基準に達していない場合は、どのような仕様にすれば達するかなどを説明します。これによって省エネ性能を気にする人は増えていくと思います。

しかし、いくら光熱費が削減でき、室内が快適温度に保たれていても、人は生きていなければ意味がありません。

繰り返しになりますが、私は阪神・淡路大震災の様子を見て、自社をRC専門の住宅会社にしようと決断しました。

その様子のなかで最も印象的だったのは、1本の道路を隔てた左側は焼野原、右側は無傷という非常に違和感のある風景です。なぜそのような状態になったかというと、右側にはRCの建物が立ち並んでおり、左側からの延焼を防いでいたからです。

日本の都市部には木造の建物が密集しているエリア、いわゆる木造住宅密集地域がたくさんあります。阪神・淡路大震災では、この木造住宅密集地域で大規模火災が発生し、甚大な被害をもたらしました。

東京都にもこのような地域が多く、中央防災会議（内閣府）の試算では、30年以内の発生確率70％とされる首都直下地震発生による火災で、約４５００人から８４００人の犠牲者が出るとされています。

ＲＣ住宅はこのような地域においても家族の命を守るだけでなく、延焼を防ぐことで周辺住民や街のインフラも守ることができます。

また、倒壊せず、焼失もしないということは、被災後もいつもどおりの生活を続けられるということです。

そのことを実感したのは、東日本大震災後でした。当時の私たちの会社は、すでにＲＣ住宅を専門としていました。それでもあれだけの揺れでしたから、引き渡しを終えた建築主が心配です。すぐにスタッフ総出で全建築主宅へ電話を掛けました。するとすべて問題ありませんでした。ほっと胸をなで下ろすなか、このようなうれしい話もお聞きすることができました。

「隣の家は傾いたし、近所で半壊した家もある。でもうちは2階リビングのペットボトルが倒れただけだったよ」

木造住宅は軽いので地震の影響が少ないと書きました。ところが重いRC住宅でも他の工法の家より揺れが少なかったというのです。

その理由はあくまで私見ですが、隣の家が傾くほど柔らかい地盤では、重い家のほうが地面を押さえつけて揺れが伝わりにくいのではないか、と考えています。もちろんその時々の揺れ、地盤、重さのバランスなどによるので一概にはいえませんが、とにかく周辺の建物より揺れが小さかったことは事実です。

今、被災しても避難所生活をすることなく自宅で暮らせることは何よりも大きなメリットといえます。

2016年の熊本地震では犠牲者が約270人に上りました。そのうち建物の倒壊など震災そのものが原因となったのは約50人で、それ以外の大半は避難所生活で体調を崩すといった災害関連死です。

そして現在はコロナ禍にあります。避難所生活という3密（密閉、密集、密接）状態では、いつ感染してもおかしくはありません。

RC住宅に住めば、避難所生活を余儀なくされる確率が格段に低下します。被災しても快適な自宅で雨風をしのげ、さらに太陽光発電システムと家庭用蓄電池を設置していれば家電製品も今までどおり使用できます。

「数十年に一度の大災害に備えて、そんな設備を用意するのはもったいない」という声もありますが、このような省エネ設備は日常生活でも大いに役立ちます。光熱費を大幅に削減し、容量や立地によっては支出額をゼロにすることもできます。

今後、光熱費は徐々に上昇していくはずです。福島第一原発事故の対応費用は、国の試算では21・5兆円となっていますが、民間シンクタンク「日本経済研究センター」は最大81兆円かかると発表しています。この膨大な金額の多くは我々の支払う電気代に乗ってくるはずです。

そして従来、発電コストが安いとされてきた他所の原発の依存度も下げざるを得ないので、さらに電気代は上がっていくことが考えられます。

その前例となっているのがドイツです。同国では原発を2022年末までに停止し、再生エネルギーを軸とした電力供給へと切り替える予定です。また、日本では2016年にスタートした電力自由化を1998年に開始し、当初は自由競争によって電気代が約20%

安くなりました。しかし、価格競争に敗れた事業者の撤退、燃料費の高騰、再生可能エネルギーの買取費用などによって現在は上昇傾向となっています。

今でも「電気代が高い」と気にかけている人がほとんどのはずです。それがゼロになったら、日々の暮らしはかなり豊かになると思います。

日本の住宅寿命は短過ぎる

日本でも農村などへ行けば、築100年以上の大きな木造住宅を見つけることができます。おそらく家主は、住宅ローンの支払いに苦慮することなく暮らしています。

しかし、そのような家は本当に少数派です。日本の木造住宅の平均寿命は27年しかありません。こんなに短命になってしまったそもそもの原因は燃えやすかったからです。かつて「火事と喧嘩は江戸の華」といわれるほど東京都心部では火災が頻発していました。その都度建て直していたので、いつの間にか私たちのなかには「家は長持ちさせるものではない」という感覚が染みついています。

また国も、木造住宅の法定耐用年数（税務上資産価値があるとする期間）を22年と短期間に定めており、景気対策として「建てては壊す」という新築優遇策を推進してきました。

さらに戦後からいわれ始めた、いわゆる「土地神話」も住宅（建物）の価値を下げてしまいました。「土地は永遠に値上がりし続ける」と信じられていたので、「建物の資産価値は気にしなくていい」となってしまったのです。

その結果、一戸建て（建物）の資産価値は一般的に25年でゼロになるといわれています。

ところがバブル崩壊によって「土地神話」は消し飛びました。現在は「土地も建物も持っていれば値下がりするだけ」という状態になり、一生賃貸派の増加につながっています。

内閣府の世論調査の２００４年度結果と２０１５年度結果を比較すると、「住宅を所有したい」の割合が４・１ポイント減少しているのに対し、「住宅を所有する必要はない」の割合は４・４ポイント上昇しています。

現在（２０２１年）は、コロナ禍によって２０１５年時点よりも景気は後退しています。そのため、この「住宅を所有したい」という人の割合は、さらに低くなっているはずです。収入増加の見込みがなくなるなか、資産価値が25年でゼロになる家に対してそれを上回る年数のローンを組めない、と考えるのは当然といえます。

持ち家志向の減少に加え、人口減によって新築住宅の需要は、ますます低下していくはずです。

日本の新設住宅着工戸数は1990年の170・7万戸をピークに減少傾向に入り、2020年には81・5万戸となっています。人口が減っていく日本において、この戸数が今後増えることはないと考えられます。三菱UFJリサーチ&コンサルティングは、2040年には約46万戸になると推計しています。

大手ハウスメーカーは、この新築住宅需要の減少をとっくに察知しており、数年前から海外進出に力を入れています。今後は自動車業界のように日本市場よりも海外市場を重視するようになると思います。具体的には、日本では薄利多売が狙える安価な商品の開発は停止し、利益率の高い富裕層向け高額商品に注力するはずです。

また、長年新築推進策を推し進めてきた政府も、現在は人口減少を受けて中古住宅市場の活性化に動き出しています。近い将来、中古住宅市場が新築市場を上回るようになるかもしれません。

そして、長寿命で資産価値の高い家と短命で資産価値の低い家の二極化が進むはずです。

孫の代まで残せる長寿命な住まいは人々を豊かにし日本を活性化させる

長寿命で資産価値の高い家というのは、人生で一番高価な買い物で、住宅ローンを返済し続けるのですから、本来こうあるべきです。

しかし、日本では1世代ごとに家を購入することが一般的で、子どもに引き継ぐことはあまりありません。

仮に親から「家はお前が相続してくれ」と言われても、「そんな古くて資産価値がないモノをもらっても迷惑」というケースが多々あります。

一方で欧米では、家を親から子へ、子から孫へ引き継ぐことが一般的です。国土交通白書によるとイギリスの住宅の平均寿命は約81年、アメリカは約67年です。欧米の家は日本とは比べ物にならないほど長寿命なのです。

長寿命の理由には、丈夫であることやメンテナンス、リフォームがしやすいことなどが考えられますが、何よりも長期間資産価値が維持できることが大きいといえます。

同資料では、各国の住宅流通数のうちで中古住宅が占める割合も確認することができます。イギリスは約88%、アメリカは約83%ですから、感覚的には「家を買う＝中古住宅」という考えであることが分かります。しかも、きちんとメンテナンスやリフォームなどを行っていれば、築年数にかかわらず買った値段よりも高く売れることが珍しくありません。

片や日本の中古住宅を占める割合は、わずか約15%です。「家を買う＝新築住宅」なのです。そして、新築は引き渡しを受けた瞬間に値下がりが始まり、木造戸建ての場合は築25年で資産価値はゼロになります。

欧米の人々の家に対する感覚は日本人とは大きく異なります。日本人は「毎月の支出の中でローンの返済額が一番高い」という人が多く、それが精神的に大きな負担となっています。

それが欧米では、そもそも親から引き継いでいれば毎月の負担額はゼロですし、自分で購入したとしても値下がりが低いため買った値段よりも高く売れるので精神的にも負担はかなり低くなります。

日本の住宅が「負債」であるのに対して、欧米の住宅はまさに「資産」なのです。親から十分に満足できる家を引き継いで、住居費がゼロになる暮らしを想像してみます。

仮に5000万円のローンを組んだとしたら、毎月の返済額は14万2000円です（金利1％、ボーナス払いなし）。年間では170万4000円になります。

欧米人と日本人では、たとえ同じ年収でもこれだけ自由に使えるお金に差があるのです。

ですから、欧米の人たちは基本的にあくせく働かなくても豊かな生活を謳歌しています。

皆さんも昼休みは2時間、夏休みは1カ月といった話を聞いて「うらやましい！」と思ったことがあるかもしれません。

日本でも「働き方改革」と称して、仕事のオンとオフを区別し、仕事とプライベートをともに充実させる取り組みを行っています。これは人口減による労働者不足を解消するため、長時間労働や連続勤務をなくして多くの人が働きたいと思える労働環境を整備しようとするものです。

ですが、ローン返済のために頑張らなくてはならない人が多いなかでは、うまくいくはずがありません。

それゆえ、これからの日本には、住宅ローンの返済が不要になる長寿命な家が必要です。

年間約170万円、35年とした場合、およそ5950万円が自由に使えることになります。

文部科学省の「平成30年度子供の学習費調査」などで確認すると、子どもの教育費の総額は、大学まですべて公立だとして約1000万円、大学だけ私立の場合で約1200万円です。5950万円あれば最大6人の教育費が賄えることになります。お金のことを気にせずに子育てができるのです。少子化対策に有効ともいえます。

子どもが増えていけば、総人口に対する高齢者の割合は減っていきます。そうなれば現在の年金や介護の問題も解消されるはずです。その結果、若者が将来に対して希望をもつことができます。

また、お金に余裕があれば子ども一人あたりにかける教育費を増やすこともできます。それによって優秀な人材も増えれば国力の増強にもつながるはずです。

もちろん大人だって恩恵を受けることができます。従来の大人たちは、住宅ローンを返済するためや子どもの教育費を捻出するために自分自身の欲求を封じ込めてきました。「本当はスポーツカーが欲しい」「国内外問わず旅行したい」「コレクションしたいモノが星の数ほどある」等々あるかと思います。5950万円もあれば家族用のミニバンにプラスして若い頃に憧れたスポーツカーや最新の輸入車を手に入れることも、高額な飛行機代がかかる秘境への旅行も存分にできます。また、コレクションしたいモノを好きなだけ集めて立派なショーケースに飾ることも難しくはありません。

また、「老後2000万円問題」が解消されるので、大人は年を取るのが恐怖ではなくなります。不安がない高齢者は、年齢なりの楽しみを見つけて活き活きするものです。自発的に労働したり、ボランティアを行ったりする人も増えると考えられます。

たとえ子育て中でも自分の人生を諦めることなく、欧米の人々のように思い切り個性的に生き、納得しきって最期を迎える。子どもや孫はそのように人生を謳歌する親たちの背中を見て育つので、現在よりも「こんな大人になりたい」と願い、日本に生まれたことに誇りをもつようになるはずです。

そして人々の経済的な自由度のアップは、観光地がにぎわう、大小問わず製造業がフル稼働するといった形で日本経済の活性化につながります。

要するに長寿命で資産価値の高い家は、人々を経済的にも精神的にも豊かにするだけでなく、日本という国自体を活性化させるのです。

RC住宅の寿命は約160年です。仮に30歳で子どもができて40歳で家を建てるとします。孫ができるのは20年後の60歳（築20年）。その孫が80歳になってもRC住宅（築100年）は現役です。したがって、子どもと孫は住宅ローンに振り回される生活から解放されるのです。そんな明るい未来の土台をあなたの手でつくってみることをお勧めします。

おわりに

私は大工の息子です。幼少期の自宅には、常に住み込みの職人さんが数人いました。朝と夜の居間は彼らがいつもワイワイ・ガヤガヤと食事を楽しんでいて、私も台所の隅で食事を取りながら彼らの会話を興味深く聞いていました。私たち家族にとって職人さんは、家業を支える柱であり、なくてはならない存在だったのです。

ところが1998年に父から事業を引き継いで驚きました。いつ職人さんを募集しても、ほとんど反応がないのです。この求人への苦労は今でも続いています。おそらく「職人＝3K（きつい・汚い・危険）」というイメージが定着しているからだと考えられます。

私は事業を引き継いで以来20年以上、このような日本社会における職人の立場に強い不満を持ち続けています。良いものをつくるために努力を積み重ね、高い技術を習得した人たちを社会全体が認めるべきだと思います。

参考例にドイツのマイスター制度があります。これは優れた技術の継承を目的とした職業能力認定制度で、発祥国はドイツですが、ベルギーやオーストリア、スイスなどでも実施されています。

ドイツでは94業種の手工業において見習い工からスタートし、熟練工の試験をパスしたあと、高等職業学校で2～4年教育を受けることでマイスター認定試験を受けることができます。

このような難関をくぐり抜けてきた職人さんたちは社会的ステータスが高く、ドイツ連邦教育研究省では、高等職業教育と大学教育は同等の価値があると発表しています。そのため、ドイツのマイスターたちは、誇りをもって仕事に打ち込むことができ、就職や転職に困ることもありません。

一方で日本でも「ものづくりマイスター制度」というものがあります。これは、建築大工、とび、左官、パン製造、時計修理といった111職種を対象に優れた技術をもつマイスターが若年者に対して教育を行う制度です。狙いは技術の継承ということでドイツと共通していますが、日本の場合は認定制度ではないので、ステータス向上に貢献しているとはいえません。

これからの日本の家は、長寿命化が必須です。これを実現するには高い技術をもつ職人たちの存在が不可欠です。それなのに職人になりたがる若者は非常に少ない……。

日本の職人たちには、ドイツのように誇りをもち安心して働ける職場環境が必要です。

ところが従来の職人は3Kの環境で仕事をしてきました。労災保険や福利厚生といった考え方はなく、「ケガと弁当は自分もち」。どちらもその日の日当（日給）で対処しなければならないケースが当たり前でした。

しかし、すべての職人がそのような過酷な環境で働いているわけではありません。例えば私たちの会社の職人はすべて社員です。労災保険や福利厚生はもちろん、有給休暇もあります。待遇は一般的な会社員と変わりません。

住宅を建築するにあたって職人の「質」は非常に重要です。一般的には「設計図さえあれば職人はそのとおりに作業するだけ」と思われているかもしれません。ところがなかにはその設計図の内容が理解できずに自己流で作業を行ってしまう職人もいるのです。それで良い家が建つはずがありません。

「住宅会社と上手に付き合う方法は、まず100％信頼できると判断してから契約をすること」と書きました。その信頼できる条件には職人の「質」も含まれます。

しかしながら一般の人がそれを見極めるのは非常に難しいと思います。その数少ない方法の一つが「職人が下請けでなく社員であること」です。

社員の職人は、日給で仕事をしていないので無理やり急いで作業をする必要はありません。そして何より、先輩社員から丁寧に教育を受けているので技術力があります。

「マンションを買う」「建売住宅を買う」という言葉をよく聞きますが、本来、家というものは「建てる」ものです。営業担当者や設計担当者がお客さまの希望や生活スタイルを詳細にヒアリングし、職人も加えた4者が共同作業を行うことで理想の家を建てることができます。

さらに、家を長く使い続けるには、適切なメンテナンスが欠かせません。建築という仕事は、家を建てるときだけの付き合いではなく、建築主と一緒に歩み続ける仕事だと思います。以前の日本には家守《やもり》と呼ばれる大工さんがいて、かかりつけの町医者のような立場でメンテナンスをしていました。

しかしながら、現代では家電製品と同様にモノを買う感覚で家を建て、メンテナンスを考えず、家が傷んでいる姿を見たりすることが多くなりました。

私たちは一時だけ儲かればいいとか、期間限定で活動しているつもりはありません。3世代100年の付き合いをさせていただくことが建築屋のあるべき姿だと思っています。

コロナ禍、自然災害、地球環境、住まいに求められる条件は非常に多岐にわたります。そのなかで優先順位を間違えてはいけません。決して壊れず安全であること、持続可能で長期間使用できること、少ないエネルギーで快適であること、それがこれからの住まいに求められる条件といえます。

本書を手にした方は、すでに何が良いか分かっていることと思います。その見識と判断は正しいはずです。いい家を建てられるかどうかは、めぐり逢いが大事です。信頼できる住宅会社と職人に出会えれば、もう家の建築は成功したようなものです。

本書によってＲＣ住宅の優位性は十分理解できたはずです。あとは信頼できる住宅会社と職人にめぐり逢うだけです。

【著者】
井上功一（いのうえ　こういち）

【プロフィール】

株式会社RCdesign代表。一級建築士。大工職人の経験もある建築家。超高層オフィスビルの設計、リゾートマンション、分譲マンション、住宅の設計を行ってきたが、なかでも住宅の経験は豊富。1995年に発生した阪神・淡路大震災を契機にRC注文住宅に注力し、その設計・施工実績は東京都内でトップクラス。「災害に強い街造り」「住宅を資産にして日本を豊かにする」「快適な都市生活」をモットーにしている。同社は2016年にRC住宅初のHOUSE OF THE YEAR 2016優秀賞を受賞。

本書についての
ご意見・ご感想はコチラ

安心・安全な家を建てるなら、
ＲＣ《鉄筋コンクリート》住宅を選びなさい。

2021年11月5日　第1刷発行

著　者　　井上功一
発行人　　久保田貴幸

発行元　　株式会社 幻冬舎メディアコンサルティング
〒151-0051　東京都渋谷区千駄ヶ谷4-9-7
電話　03-5411-6440（編集）

発売元　　株式会社 幻冬舎
〒151-0051　東京都渋谷区千駄ヶ谷4-9-7
電話　03-5411-6222（営業）

印刷・製本　瞬報社写真印刷株式会社
装　丁　　秋庭祐貴

検印廃止

Printed in Japan
ISBN 978-4-344-93446-7 C0052
幻冬舎メディアコンサルティングＨＰ
http://www.gentosha-mc.com/

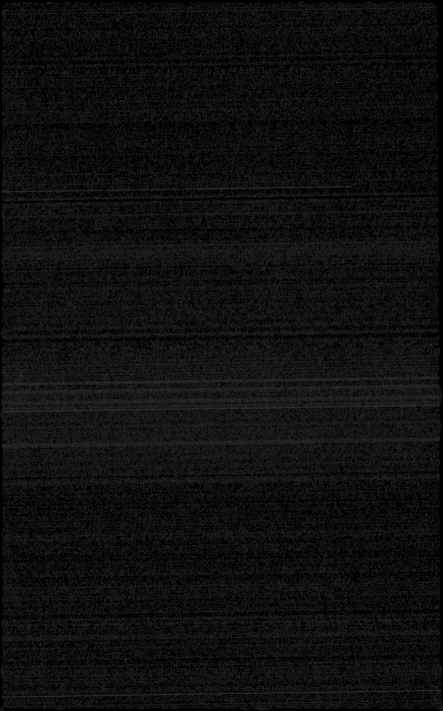